母爱，是一场得体的退出

闫涵——著

中国妇女出版社

图书在版编目（CIP）数据

母爱，是一场得体的退出 / 闫涵著. -- 北京 ：中国妇女出版社，2018.8

ISBN 978-7-5127-1610-0

Ⅰ.①母… Ⅱ.①闫… Ⅲ.①儿童教育－家庭教育 Ⅳ.①G782

中国版本图书馆CIP数据核字（2018）第131104号

母爱，是一场得体的退出

作　　者：闫　涵　著
选题策划：门　莹
责任编辑：李一之
封面设计：尚世视觉
责任印制：王卫东
出版发行：中国妇女出版社
地　　址：北京市东城区史家胡同甲24号　　邮政编码：100010
电　　话：（010）65133160（发行部）　　65133161（邮购）
网　　址：www.womenbooks.cn
法律顾问：北京市道可特律师事务所
经　　销：各地新华书店
印　　刷：北京博图彩色印刷有限公司
开　　本：165×235　1/16
印　　张：15.5
字　　数：200千字
版　　次：2018年8月第1版
印　　次：2018年8月第1次
书　　号：ISBN 978-7-5127-1610-0
定　　价：48.00元

自 序　母爱，是一场得体的退出

——写给即将5岁的喆

1

我在公众号写第一篇文章时，喆2岁多，现在，他马上5岁了。

两年，眨眼而过。

因为我的公众号叫“闫涵妈妈”，新朋友总以为我有个孩子叫闫涵，而我是闫涵的妈妈。确实，有很多妈妈，有了孩子后便没了自己，整个心思都扑在了孩子身上。这是一种选择，而我当初给公众号取名字是有自己的想法的：首先我是闫涵，然后才是一个妈妈；只有我做好了自己，才有能力滋养孩子。

曾经，我也觉得孩子是一切，经常因为一些事而自责、内疚——

孩子第一次发热，体温超过40℃，看着他哼哼唧唧难受的样子，我自责没有照看好他；

每次上班前，孩子哭得稀里哗啦叫着“要妈妈”，我上班时就心神不宁，后悔年轻时没有好好努力实现财务自由，不然可以在家专职带娃；

……

孩子2岁半时，背着小书包，开开心心地上了缓适班。我给老师发信息，问他在班里怎么样，有没有哭，有没有找妈妈。老师说没哭，融入挺好的。其实老师不说我也知道，因为送他进教室之后，我在监控前待了整整两个小时，看着他自己吃早饭，看着他自己收拾玩具，看着他和小朋友们一起排队做游戏。他在新环境中的欢天喜地，映衬着我这个“老母亲”的失落与不舍。

愧疚滋养不了孩子的好性格，果敢的爱才可以。只是很遗憾，我们很多人都是第一次做妈妈，有着初为人母的忐忑与纠结，而顿悟前的那些错误与自责，都是孩子带给我们最好的成长契机吧！

2

孩子的到来，会让我们发现自身的很多问题。更多的是，在某一瞬间，我们突然发现：当初那个搂在怀里的小宝宝，已然长成小小少年，并且会逻辑正确地讲道理了。

大概在喆4岁半的时候，我不小心把订的牛奶打碎了，我怕扎到孩子，语带心急地对着喆喊：“你别出来！”

孩子站在门口，看了看地上问：“妈妈，你把我的牛奶打碎了啊？”

我“嗯”了一声，继续清理。

孩子接着说："你批评你自己了吗？"

我一愣，没明白他想说什么。

"上次我不小心把空瓶子打碎了，妈妈很生气。我说是想把瓶子放到厨房，你还是很生气地说我不该拿着瓶子跑！"他接着自言自语，"你不是故意的，我就不批评你了，下次我不小心犯了错，你也别批评我那么久了，好吗？"

孩子没说这话以前，我觉得自己对他的引导都是正确、公平的，反思过后，才发现是孩子忍受我们更多——

我们一边责怪孩子拖延，一边睡前久久刷手机、看朋友圈；

我们一边抱怨孩子起床太难，一边放纵自己赖床，理由往往是工作太辛苦，应该睡懒觉；

我们一边觉得孩子不够自律、不守规则，一边自己大吃不健康的食品；

……

也许，我们都应该时刻提醒自己跳出"妈妈"这个角色，像朋友那样和孩子相处。

3

有一条路每个人都非走不可，那就是年轻时的弯路。同样，有一些后果必须让孩子体验到才好，因为只听我们的经验，他们没有直观的感受。

当孩子自己获取经验的能力越来越大，我们对他们的影响也越来越小，妈妈会逐渐淡出他们的社交圈，从以前的保护神变成必要时的后盾。

这样的渐行渐远，听起来略显悲凉，但谁又能否认，把一个襁褓婴儿照料成独立坚强的大人，本就已经是人生最幸运的事呢？

就在刚刚我改稿子时，睡梦中的喆突然大叫：“妈妈，过来！”

我走进他的房间，看到他一条腿掉下床来，双手高高举过头顶，小嘴倔强地抿着，像是做了什么梦。我把他的那条腿放到床上，帮他整理了一下睡姿，又把踢到地垫上的被单拾起来盖到他肚子上——自从分床，我总担心他会掉下来，每晚在他睡着以后都会在他的床边铺上地垫。

走到门口，我想起什么，又折回去在他额头轻轻地亲了一下。半个月后，他即将5岁，距离说“妈妈，你走”的日子又近了一步；虽然我早早做好了慢慢退出他生活的准备，但总会有一点点伤感，趁着还可以亲昵，就不要放过每个值得珍惜的当下。

宝贝，只要你愿意，妈妈会在你选择远行的时候说一句：亲爱的小孩，祝你展翅高飞。

闫　涵

2018年5月30日凌晨

目录

Chapter 01

我们满口说爱，却赤裸裸伤害

contents

Chapter 02
孩子，你可以不“善良”

Chapter 03
这条路，可以让孩子通往高贵

Chapter 04
父母，永远是孩子的退路

Chapter 05
你若不懂取舍，孩子便没有未来

contents

Chapter 06
生活，是最好的教养

Chapter 07
全职妈妈，
你也可以成为“发光体”

Chapter 08
我不要为母则刚，
只要和老公相互扶持

Chapter 09
因为孩子，父母变成了更好的自己

我们满口说爱，却赤裸裸伤害

Chapter 01

别让信任感成为亲子关系的绊脚石

我们有没有对孩子食言

有些父母最常说的话，恐怕就是“这孩子，太不听话了！明明昨天刚说晚上9点准时上床睡觉，今天就变卦，9点半了还在玩玩具”，却很少想：我们有没有听孩子的话，有没有对孩子食言。

最近一段时间，喆同学（这是我对儿子常用的一个昵称）很迷恋托马斯系列动画片，平时上幼儿园时，每天睡觉前看3集；周末每天看两次，早晚各15分钟。慢慢地，他爱上了托马斯火车头。

喆爸给喆同学买齐了片尾曲里提到的所有火车头，但动画片里很多角色的火车头还没买，喆同学问：“爸爸，你什么时候给我买其他的火车头啊？”喆爸随口答应：“过几天。”因为不懂“过几天”到底是多少天，第二天，喆同学接着问：“爸爸，火车头给我买了吗？”喆爸一愣：“爸爸帮你问了，那家没有货了，得等几天才到。”喆同学显然只关心自己什么时候能拿到火车头，从那以后天天追着爸爸问。

这种情况持续了一个多星期，喆同学又问爸爸：“爸爸，你说过一个月我就有新的火车头了，现在到一个月了吗？”爸爸招架不住了，捏捏喆同学的小脸蛋，无奈地说：“快了，这周末你就有新火车头了。”然后回到自己屋里，老老实实给孩子下单了。

这样的场景，是不是很熟悉？

我们总觉得孩子小不懂事，想投机取巧，用哄骗的方式或者动用家长权威让孩子放弃自己的意愿——“宽以待己，严以待人”的原则，在亲子关系中多有体现。

爸爸的白衬衣

我上初中时班上有个同学，父母做小买卖，整天忙得没黑夜没白天。需要家长到学校的场合，多半是她爷爷奶奶出席。这个女孩嗓音不错，也爱唱歌，歌咏比赛时，她被选为领唱。比赛时，要求全班同学都穿白衬衣，她提前一个星期和妈妈说了这件事，妈妈也答应了。

结果比赛前一天，她放学后兴冲冲回到家，并没看到妈妈答应给她买的白衬衣——那几天正赶上年关生意忙，妈妈把这事给忘了。

晚上8点多，妈妈才回来，看到女儿红肿着双眼，才想起衬衣的事。20世纪90年代初的小镇，并没有什么服装商店，更没有超市，而熟悉的邻居也很少穿白衬衣。实在没办法，妈妈想了一招：让她穿爸爸的白衬衣，虽然尺码不合适，但起码能蒙混过关。

当时，那位女同学才1.5米，而她爸爸身高1.78米，衬衣一上身，样子滑稽可笑。14岁的女孩，爱美之心很强烈，她哭闹着，坚决不穿爸爸的衣服上台。妈妈被逼急了，直接大喊：“我们这么辛苦，还不是为了家里条件好点儿。就为了一个破比赛，就为了一件破衬衣，你就逼你妈跳河吗？”

第二天，她拿着爸爸的白衬衣站在同学们中间，看着其他人的穿着漂亮得体，感觉异常自卑。最终，细心的班主任察觉到她的情绪，回家拿来合适的衬衣给这位同学穿，但由此造成的心结，成为她青春期无法磨灭的伤痛。

看吧，明明是家长自己不对，最后却责备孩子不懂事。

有约在先就应当遵守

暑假快过完时，朋友K接连发过来一串信息，说四年级的女儿一直和她闹脾气，一周没和她好好说话了。和她详细一聊，才得知事情的来龙去脉：

期末考试前，K答应女儿，女儿考进前五名就带她去日本迪士尼玩。因为没出过国，女儿很兴奋，学习的积极性大大增加。成绩出来后，班里虽然没有公开排名，K还是打听出女儿考了第四名。

但那段时间赶上K的老公接连出差，而K又没有勇气独自带孩子出国，于是事情一拖再拖。最后出国手续办完，暑假只剩下几天的时间了，她便自作主张，把旅游日期推到了寒假。

女儿知道后非常生气，觉得妈妈言而无信。爸爸从中调和，还劝孩子要“理解大人的辛苦，别老耍小孩子脾气”，这让女儿更加叛逆，她直接哭喊道：“反正什么都是你们大人做主，那还和我商量干什么！”

自此母女关系、父女关系陷入僵局，家里气氛冷淡且紧张。这又是一个家长自作主张打乱和孩子之间约定的案例。

家庭成员之间的约定和朋友之间的约定一样，有约在先，就应该尽量遵守；若因一方原因取消约定，一定要诚心诚意向对方道歉。但是很多父母都觉得向子女道歉有失家长威严，不愿道歉。当孩子因父母失约表现出不满时，父母又往往想利用“父母的权威”，把孩子的怒气压下去。结果事情变得更糟了，这时孩子即使表面上不再生气，内心也积压着愤怒的小火苗，长此以往，亲子关系就会出现问题。

很多孩子越长大越不爱和父母聊天，多半是对父母的信任感被破坏了——哪怕血缘至亲，失望攒够了，心也就分开了。

最后，我建议K以朋友的身份向女儿道歉，并和孩子一起商定补救的方法。当孩子的情绪得到疏导，沟通自然就会顺畅起来，问题也就迎刃而解了。

多些耐心，捕捉孩子的真正需求

| 给妈妈的礼物

母亲节那天，我去逛超市。结账的时候，一个四五岁的小女孩正在哭。她手里拿着一个音乐盒，妈妈不同意她买，她非要买。争执之下，她开始发挥“熊孩子”的本色，抱着音乐盒赖在地上哭闹起来。

结账台有很多人在排队，大家的目光齐刷刷投向这个“没有教养的孩子”。那位年轻的妈妈脸上有些挂不住，把手里的东西一扔，说：“不买了，什么都不买了！你不走，我走了！”

看着妈妈的身影，孩子哭着站起来追，一边跑一边说：“我想送妈妈音乐盒，我想送妈妈音乐盒当礼物……”那位妈妈停下脚步，愣了一下，然后问女儿：“你想把它作为母亲节礼物送给妈妈，对吗？”女儿点点头。

妈妈把女儿抱起来，给她擦干眼泪，说：“对不起，是妈妈错怪你了，咱们再逛一逛超市好不好？”

| 想和妈妈多待一会儿

一次，我回老家，离开家有一周时间。我刚从老家回来的第二天早上，喆同学醒得晚，而且做事情磨磨蹭蹭的。幼儿园8点半开饭，9点15分闭餐，如果不在8点半之前从家出发，到幼儿园就赶不上吃饭，只能饿肚子。我一看快到点了，有些着急，语气变得不耐烦起来，甚至有些强制性地把他抱起来往外走。

去幼儿园的路上要路过庆丰包子铺。喆同学上幼儿园以前，喆爸上班前总会给我们买好包子放家里当早餐。后来孩子上了幼儿园，学校有早餐，喆爸就不再买了。喆同学一直把庆丰包子叫“幸福包子”。

那天路过时，他突然说：“妈妈，我想吃‘幸福包子’。”我说：“时间来不及了，周末让爸爸买好不好？”他不依，继续反抗：“我不吃幼儿园的花卷，我要吃‘幸福包子’。”如果强行抱着他去幼儿园，他到幼儿园后情绪也会不好，加上我刚刚离开他一周，我便心软，带着他去排队买包子了。

待我们坐下来，喆同学看着我坏笑了一下：“妈妈，你喂喂我吧，在幼儿园我都是自己吃的。”我说：“不喂，小朋友要自己吃饭。”他继续撒娇：“我就是想你了啊，我都乖乖跟爸爸睡了今天、昨天和前天了……”他不会表达“一星期”，便把所有和“天”有关的词都用上了。

那一瞬间，我突然明白了他的小花招：一个星期没见到妈妈了，他想尽一切办法要和妈妈多待一会儿，所以才坚持让我送他上幼儿园，才磨蹭着不肯出门，才非要我和他一起吃早饭，然后用尽自己掌握的词语，表达他“一星期没见妈妈，所以很想妈妈”的念头。

而在坐下吃饭之前，我根本没意识到孩子的想法，只是觉得他不听话、不乖，因为他的磨蹭很有可能导致上幼儿园迟到……

作为大人，我们经常只看到孩子的表现，就根据自己的经验去判断孩子行为背后的目的。但是大人的理解，很多时候和孩子的想法偏离太多。如果父母多一些耐心，多一些询问，多关注孩子日常行为尤其是“反常行为”背后的想法，也许就能和孩子的心走得更近，体会到更多惊喜和感动。

发现孩子的优点，建立孩子的内在价值感

别让孩子的“缺点”蒙住了双眼

一天中午和一位妈妈聊天，她儿子刚刚10岁，上小学四年级。在妈妈的口中，孩子调皮、叛逆、好动、不专注、做事拖沓、不爱写作业……缺点足足有十几条。这位妈妈说：“我觉得自己非常失败，怎么养了这么个孩子！我怎么才能让他听话一些、乖一些呢？”

我问她：“咱们好好想想，生活和学习中，孩子有什么爱好或特长呢？”

这位妈妈沉默良久，说：“他体育很好，篮球打得不错，短跑速度也快；虽然成绩总体不好，但作文经常被老师当范文；平时在家里会主动打扫卫生、洗碗，我身体不舒服时，还会监督我吃药。”

如果这些话不是出自同一位妈妈之口，我们是不是根本想不到这两段话是在描述同一个孩子？

每个孩子都有与生俱来的优势和劣势，作为父母，最怕的就是被孩子的“缺点”蒙住了双眼，渐渐把孩子的优点也看成“缺点”的催化剂。

学会欣赏孩子的优点

我初中有位同学，成绩每次都是全校前三，性格开朗、处事大方。他爸爸知道他喜欢英语，每次来学校看他，都会带来英语读物或者英语辞典，鼓励他英语方面的学习。

不了解的人，以为他有一个条件优越的家庭。事实上，他和大部分同学一样出身农村，因为爸爸是收破烂的，从小学开始就被同学嘲笑，还有一个响当当的外号“小破烂张”。每次有人这么叫他，他都不气不恼，只是笑着回一句：“我爸是‘破烂张’，我当然是‘小破烂张’，这事大家都知道啊！”见他不生气，挑衅的人时间长了就觉得无聊，不再叫了。学习上的优秀，弥补了家庭极度贫困带来的心理阴影，他一直用乐观的心态，一路重点高中、重点大学读了下来。

孩子在一件事上的成功所产生的自信及能量是不容忽视的，兴趣引发的学习动力一定比功利的目标引发的动力更持久而有力。

有位同学，成绩中等，最喜欢社团活动，大学几年的精力主要放在各种社团活动上了，不仅和同学们打成一片，和不少老师也关系良好。听同学说，他毕业后不久便自己创业，靠着超高情商把公司经营得风生水起。后知后觉的我，才知道这位同学的长板就是“情商”，比如，同样在微信群聊天，他会照顾到每位同学，过年发红包的个数保证让大家人手一个；有同学求助，能帮的他尽量帮，不能帮的也不忘提醒对方哪里能找到相应的资源。这样一个天生的社交家，如果他的父母一开始就觉得他不务正业，对参与社团活动百般阻挠，结果会如何？多半是他成为折翼天使，痛苦地和书山题海做斗争吧？

14岁时，我读初二，为了考县城的重点高中，必须语文、英语、数学、物理、化学等主科成绩都保持优秀，可是物理、化学一直都是我的短板。某次考试，我化学考得奇差，几乎不及格。我担心妈妈失望，不敢实话实说，但那张卷子像心里的一根刺，不时跳出来让我刺痛一下。

某次，我在作文中提到了这件事，如实描述了内心感受。作文本发下来，比满分更让我感动的是语文老师兼班主任的评语：你最大的优势就是可以把现实生活和写作结合起来，好好努力，一定会有所成就。因为被欣赏、被肯定，我心中的阴霾一扫而空。这种力量，让十几岁的我接下来用了十二分努力，去弥补自己的不足，最终如愿以偿考上了重点高中。

欣赏孩子的优点，引导孩子克服不足，让孩子在自己最喜欢做的事情上找到内在的价值感、认同感，是每位家长都要学会的能力。

寻找孩子的闪光点

心理学家威廉·詹姆斯说过：“人类本质中最殷切的要求是渴望被肯定。”而赏识，绝对是“肯定”的具体呈现。赏，即赞美；识，即认可。

当孩子还是一个小宝宝时，我们会为他们的微笑、翻身、爬行、站立、走路而兴奋、自豪，但当孩子日渐长大，我们却慢慢习惯用成人的功利心去对待他们。

朋友的孩子5岁，绘画课上老师让大家画妈妈，其他孩子都画妈妈的脸，只有她画了一个弯腰坐着的背影。这样一幅画，没有被老师认可，一开始也没有被朋友认可。但朋友没有粗暴否定，而是问女儿为什么只画了妈妈的背影。孩子答：“有时半夜醒了，妈妈还在电脑前加班，我觉得妈妈好辛苦。”一句话，让朋友泪流满面——孩子有自己的视角和思想，成人固化的思维，不应该成为束缚他们的绳索；如果做不到欣赏，也请把解释的权利还给他们。

我们的父母年轻时，对这个世界的价值观整齐划一；而当我们做了父母，当初很多不为人理解的行为，已经被大多数人接受；等我们的孩子长大后，世界又将会是怎样的多元？

未来我们无法预料，当下的心态却可以影响孩子的一生。生而为人，我们有时不得不去做一些自己不喜欢的事情，而让我们坚持下去的理由，恰恰来自做喜欢的事带来的力量。这样的力量，需要每一位家长用智慧的眼睛在孩子身上去寻找、发现，并将其放大。

关于无理取闹，你冤枉了孩子多少次

呵护孩子对秩序的执着

清明小长假，带喆同学溜溜耍了3天。最后一天到家是晚上7点，他趴在我肩膀上就睡了。

喆爸说："终于可以休息了。"

我也松了一口气：不用满屋子追着他随时听命了，这个点睡，该是连夜觉了。

快12点时，忙完工作和自己的事，我刚准备睡觉，悲剧发生了——喆同学爬起来，清脆地叫："妈妈，你干什么呢？"

我把崩溃的情绪使劲儿按压，转过头来笑容满面地说："妈妈刚工作完，你醒了啊？"

"小祖宗"噌的一下跳下床，凑到我身边说："妈妈你做什么工作呢，爸爸去哪儿了？"

我解释："现在已经半夜了，爸爸在主卧睡觉呢，妈妈也准备睡觉了，你陪妈妈一起好吗？"

"我要看电视，今天还没看电视呢。"

确实，以前每次睡觉前都允许喆同学看15～20分钟动画片。可现在已经大半夜了啊。解释不通，他强行过去开电视。我无奈，只能陪他一起看。

15分钟后，我已经困得睁不开眼，再次诱导他睡觉。他又来一句："我还没玩牌呢。”

天哪！他把睡前程序记得一清二楚。打牌！一咬牙一跺脚，我和他约定玩15分钟。

15分钟后已近凌晨1点，我脑子都成糨糊了，再次威逼利诱：“咱们睡觉好不好，妈妈睁不开眼了，明天妈妈给你买两个奶酪吃。”说完，我灯没关就睡着了。

喆同学急了，用手指掰开我的上下眼皮：“妈妈！妈妈！你醒醒！你醒醒！”

我也想醒，但睁不开眼啊！迷糊中，哭声传过来：“你别睡啊，你还没给我刷牙洗脸讲故事呢，你还没给我刷牙洗脸搽油油讲故事呢！”最终，我被他成功“哭醒”！

心里没火是不可能的。冷静了10秒钟后，我满血复活——2岁10个月的喆同学正处于秩序敏感期，作为妈妈，我有义务呵护他这份对秩序的执着。

刷完牙，洗完脸，搽完油，讲完两个绘本故事，已近凌晨2点。喆同学终于发出天使般的声音：“妈妈，咱们睡觉吧。”这次，他没哭没闹，很快沉沉睡去。

秩序敏感期的孩子“伤不起”

如果不了解孩子对秩序感的执着，那个夜晚，很可能变成这样：

喆同学醒了，要求看电视，我满腔怒火；他要求玩牌，我觉得他太不懂事，不再和颜悦色；等他大半夜提出更过分的要求，我直接暴怒，吼他一顿；孩子大哭着睡下，而我也气呼呼地躺下，觉得这孩子真是讨厌，大人的话一点儿都听不进去……

我所在的妈妈微信群，从孩子2岁前后开始，出现了越来越多的抱怨：

看完电视，爷爷没把遥控器放回小筐里，孩子就急哭了；亲戚来家里玩，门铃响起，妈妈顺手把门打开，孩子竟然开始撒泼，非让亲戚出去，他自己重新开一遍才消停；每天刷牙都必须让妈妈亲力亲为，爸爸、姥姥、姥爷通通靠边站；每次乘电梯都是孩子摁电梯，有次在商场，一个小哥哥抢了先，他急得指着人家说讨厌，真没面子啊；平时妈妈和宝宝睡一张床，爸爸自己睡，有一天他把床尿湿，于是三个人挤在一起，孩子却哭着喊着要回自己床上去；平时都是奶奶或妈妈冲奶粉，某天由爸爸代劳，冲好后孩子坚持让爸爸倒掉，必须妈妈冲才喝，这不是犯浑嘛；家里台灯原来是U形的，后来换成螺旋形的，孩子看着螺旋形的不顺眼，非要换成U形灯泡……

这些“无理取闹”，让妈妈们头大。但是，如果你走入孩子的内心，知道秩序敏感期是宝贝成长的必经阶段，并做好充足的心理准备来应对，就不会措手不及。

| 秩序敏感期，家长必须要知道

蒙台梭利通过对婴幼儿的研究与观察发现，秩序感与生俱来，但2～4岁儿童对秩序的敏感性最强。这常表现为“可怕的2岁”（The Terrible Two）。

秩序敏感期，是宝宝在构建自己内在秩序的同时，对外在秩序的一种要求。他们对每天做的事情、事物摆放的顺序拥有自己的一个秩序观，当秩序被破坏时，他们就会感到不安甚至发脾气，直到事物又恢复到他们所能理解的模样，才会安静下来。

他们觉得“世界是我能掌控的”，会把自己的意志强加在事物的发展规则之上，并对特定事情发展的过程和结果有所期待，一旦事情的发展偏离预期，就会失去对外界的掌控感，不安全感强烈，并用哭闹、撒泼等执拗行为表达自己的不安和不满。

物品的摆放位置不能变；外出的路线不能变；谁的衣服只能谁穿，别人穿就不行；吃饭时每个人坐的位置要固定；穿衣服要先穿上衣，再穿裤子，然后穿袜子；换了床单被罩就要求换回原来的，等等。如果没有按他们的想法去做，就会发脾气、哭闹甚至撒泼，这种行为就是家长眼中的“任性”“胡闹”“不可理喻”。

秩序敏感期的满足有多重要

◆建立自我

孩子会通过“我要/不要做”“我喜欢/不喜欢”来表达内心的声音、对环境的认识以及对事物的理解。

◆带来安全感觉的愉悦

教养环境的稳定有序，会让孩子觉得自己对生活有足够的掌控力，并因此获得足够的安全感。心理学家马斯洛也指出：“儿童在安全方面的另一种表现，是喜欢某种常规的生活节奏，他们仿佛希望有一个可以预测的、有秩序的世界。”

◆为规则意识打基础

妈妈的衣服只能妈妈穿，奶奶穿就不对；爸爸的电脑只能爸爸动，爷爷用来玩“斗地主”游戏是不行的……这类事物存在格式和发生秩序的要求，是孩子规则意识的萌芽。

◆呵护好秩序感，将来做事更有条理

如果孩子在秩序敏感期得到充分尊重，比如根据孩子的要求做到作息规律、居家整洁、物品摆放有序、物权明晰，那孩子成年后也更容易养成有条理的做事习惯。

如何尊重、培养孩子的秩序感

◆和孩子共情

当孩子因为已经习惯的或者头脑中预期的程序被破坏而哭闹时，家长要理解孩子对于秩序的强烈要求。得到爸爸妈妈的理解和安抚，孩子的情绪平复更快，甚至瞬间变乖宝宝。相反，如果孩子一哭闹，家长情绪就激动，甚至呵斥、打骂孩子，不仅破坏孩子秩序感的发展，更可能造成对孩子安全感的永久性伤害。

◆想一想现在和以往有什么不同

当孩子突然变得执拗、不可理喻，请你想想现在和以往有什么不同。

起床程序有没有更改？就餐时有没有替孩子做了他应该自己做的事？去幼儿园的路线和平时是否一样？……

如果从中找到了答案，说明你家宝宝正处在秩序敏感期。

◆稳定教养环境

看护人的变更或生活环境的变换，对婴幼儿时期的孩子来说会带来很大冲击，使得他们很难产生稳定的秩序体验，进而影响安全感的建立。

◆营造规律、整洁的居家环境

秩序感强的孩子更喜欢有规律的生活，习惯晚睡的家长要改掉不良习惯，帮孩子建立早睡早起的作息习惯。

物品摆放有序，这对在环境布局上有“刻板”要求的秩序敏感期宝宝来说非常重要，也可培养其将物品归位的良好习惯。

◆维护孩子的物权敏感性

明确家庭物品的使用人，让孩子明白别人的东西不可以乱动，自己的东西自己有权处置。

◆“重来”是维护秩序敏感性的不二法宝

如何把孩子麻烦的哭闹变成秩序感的培养？这一点非常重要。

比如，有一天，我要做蛋糕，爸爸答应让喆同学取鸡蛋，我没听到他们的约定，自己拿了蛋就磕开了。喆同学不依不饶，哭得惊天动地。我思来想去，决定将已经磕开的蛋晚上用来炒西红柿，然后让他去冰箱再帮我取4个鸡蛋。

又如，早上我起床后上厕所，喆同学醒来后发现我没在身边，开始哭闹。我便重新钻进被窝，假装睡着，让喆同学把我“叫醒”，共同享受早上的亲子时光……

“重来”，是让孩子情绪平复的最好办法，也是帮孩子建立秩序感的最好方式。

万一事情无法重来，一定要给孩子好好解释和道歉。很多时候孩子不见得能听懂，但你的态度他们感知得到。即使他依旧哭闹，也是宣泄郁闷情绪的一种方式。

少说“不”字，孩子将发生神奇的变化

身为妈妈，她很少对孩子说“不”

我有一位朋友，无论我们一起外出，还是我在她家看到的场景中，朋友都极少跟她的儿子说“不”或“不要”，而是明确指出他接下来应该做什么。

比如，规定好动画片一次只能看15分钟。提前三五分钟，朋友就会提醒：“宝贝，马上到约定的时间了哦。”等到了约定时间，朋友会再次提议：“是你自己关掉电视，还是妈妈帮你关？接下来该去玩积木了。”

又如，外出吃饭，每次朋友都会和儿子说好：“坐在餐椅上吃饱饭，爸爸或妈妈就可以带你去玩大滑梯了。”其间孩子也会闹着要下来，她一般不会命令孩子一定要坐着，而是温言软语：“妈妈知道你想下来放放风，想玩3分钟还是5分钟？”

因为受到尊重，她儿子下来走一圈后，依然会乖乖坐到餐椅上吃东西。

我们也很讨厌别人的否定

朋友也曾经是把“不”和“不要”放在嘴上的妈妈。

孩子想玩水。——“不行！”

孩子要吃冰激凌。——“不可以！”

孩子要在楼梯上跳着走。——“不行，会摔伤！”

结果朋友越说“不”，孩子越要做，做完了还拿眼睛瞄着妈妈，那神情好像在说：看你能怎么着？

后来，她去上家长课，有一次的课后作业是这样的：

第一，固定找一天，让老公否定你的大部分行为；

第二，和孩子对话，把“不”“不要”“不可以”去除。

那会儿她儿子正好2岁，处在“叛逆期”，而且正好赶上“双11”购物节。

老公配合她完成作业时，情况是这样的：

她看上一款围巾，老公说：“别买了，不是还有几条嘛！”

她看上一双鞋，“双11”当天5折，老公说：“别买了，你的鞋够多了。”

她提议去看电影，老公说：“等着下载就行了，浪费那钱干啥！”

她说给儿子煮点儿梨水，老公说：“别煮了，削削皮直接吃更健康。”

……

大事小事，她一提议，老公就反对。刚开始，她还觉得这作业挺好玩，但从下午开始，一听到老公的否定，她就觉得“真烦”！

她开始反思，自己对孩子说的“不”“不要”“不可以”是不是太多了？

和大人一样，孩子也是独立的个体，不管他们的需求合不合理，如果遭遇的永远是否定，内心也一定有很强的挫败感。

他们想多看一会儿电视，和女人永远觉得自己缺一件衣服一样。谁不想拥有得更多呢？

那天，看完规定的3集动画片，儿子说：“妈妈，再看一集嘛。”朋友没直接跑过去关掉，也没有生硬地拒绝。她蹲下身说：“妈妈知道你想看，咱们商量一下，晚上再看一集好不好？现在咱们先去骑一会儿滑板车吧？”

得到尊重之后，孩子虽然不情愿，还是跟着妈妈去了户外。在外面，遇到卖小玩具的，儿子想要一个会翻跟头的小人儿，大有不得手就不走的架势。以前，朋友肯定拎起儿子就走，因为“不能惯他这臭毛病”。但那次她的处理方式是先跟孩子解释：“这次咱们没有买东西的计划，妈妈也没带钱包。你真喜欢，下次咱俩出发前可以商量好，妈妈一定给你买。”孩子虽然还是哭闹，但肢体挣扎明显软了下来。

她说：“当我对孩子说‘不’的次数越来越少，孩子的配合度反而越来越高了。”

我们和孩子交流时，往往喜欢使用否定的语言。这些语言给孩子传递的信息是“你不对”“你不听话”……这是家长式的命令，动用的是成人的权威。

这种方法看起来立竿见影，但长期使用，孩子记住的只是“不干什么”，有强烈的不被认可感；而“该干什么”，如何正确地去做，却没学会。严重的，会引起孩子的逆反心理，等到你指东他偏往西时，就晚了。

| 告诉孩子应该怎么做更重要

上家长课时，讲师也跟我们做过类似的互动。她说：“别举起你的右手。”我的反应是：那我该不该举左手呢？右手应该放身前还是侧面呢？也就是说，当我接到一个反向指令，接下来该怎么做，我很迷惑。

身为成年人，我的反应尚且如此，那对大脑还未发育完全的孩子们来说呢？当他们被限制不可以拿扫把、不可以玩水、不可以看电视、不可以在床上跳……是不是对于应该做什么会更疑惑、不确定感更强？

现在，我和喆同学相处，遇到不想让他做的事，我会明确告诉他可以做什么，或者在什么条件下才可以做。

比如，这几天他因身体原因没上幼儿园，在家经常想剪纸，我就告诉他：“妈妈在身边可以玩剪刀，但起身时必须先把剪刀放下。”

比如，他要帮我洗碗，我不再简单粗暴地拒绝，而是给他穿上防水围裙，并在他玩水之后及时帮他换上干爽的衣服。

比如，他和小伙伴起争执，我也不再说他如何不对，而把重点放在如何良性沟通上。

潜意识是控制人长期行为的源头，长时间使用负面语言，会让孩子在潜意识里觉得自己不行。

孩子要自己爬楼梯，你说：“小心，别摔了。”这给孩子传递的信息是他能力不行。如果换成“咱们慢慢走，一个台阶一个台阶上”，并演示给他看，给孩子传递的则是安全意识。

生活中，如果你担心某种情况发生，那么它就更有可能发生。当我们拒绝做负面语言的传达者，才能给孩子一个正面的榜样，孩子的社交能力、情商才更高。

我们满口说爱，却赤裸裸伤害

孩子接受新事物需要时间

有次我带喆同学去体检，等待抽血时，一个小女孩尖厉的哭叫声传过来：“妈妈别走，妈妈别走……”抬眼望过去，一个年轻的妈妈正在听力测试室门口一把推开自己的女儿，怒气冲冲往外走。小女孩满脸是泪，一路哭着追妈妈。而妈妈既没有抱起孩子，更没有安抚，反而怒吼着：“没有一个小朋友像你这样丢人，测个听力，其他人都没哭，就你哭！胆子这么小，还有脸哭！你再哭，妈妈就不要你了！”

三四岁的小孩，面对从未经历过的事情，内心抗拒再正常不过。有些孩子对新事物的接受能力强，可能不哭，但不哭不代表他们不害怕。而这位小女孩，只是需要时间接受，如果妈妈多一些鼓励，事情或许大不相同，但她采取了最极端、最简单粗暴的方式，小女孩或许会因为害怕失去妈妈而强忍着泪水接受测试，但安全感却遭到严重破坏。以后遇到类似的事，要么哭得更凶，要么把所有恐惧堆积在心里，直至对妈妈再无信任。

在成人看来，抽血、打预防针、视力测试、听力测试等事情再简单不过，但对于未经世事的孩子，或许不亚于一场大手术带来的恐惧。

有一次我回老家，带妈妈做检查，从未做过CT的她在进去检查之前，一直紧紧握着我的手在颤抖，并且一再问我：“有没有必要做啊，如果没必要就不做了……”我明白妈妈是内心害怕，如果我也在众人面前把妈妈狠狠骂一顿，得惹来多少人指责我的不孝？

怎样才是“为你好”

S是职场妈妈，对孩子的学习、饮食都非常上心。上星期五孩子参加活动回来，她已做了四菜一汤，有荤有素，营养配比合理。结果她儿子一看桌上的“清汤寡水”就没了食欲，还开始撒娇：“妈妈，营养餐都吃了一周了，今天你陪我去吃比萨好不好？”

S的儿子喜欢吃西餐，比萨、汉堡、牛排、意大利面来者不拒，但S觉得这些食物热量太高，每个月只准吃两次。所以工作再忙，她也坚持给孩子做饭，是我们眼中的“五好”妈妈。谁知道随着儿子越来越大，S对儿子饮食的控制越来越力不从心。

那天到最后，儿子急了，开始直接攻击妈妈：“你老说不让我挑食，你自己就不吃葱花、不吃海鱼、不吃羊肉、不吃香菜、不吃芹菜、不吃驴肉，什么时候你吃这些东西了，我天天吃你做的破菜！”

S恼羞成怒，直接把桌上的菜倒入了垃圾筐，对着不识好歹的儿子破口大骂：“我这么辛苦做饭还不是为了你身体长得更好，竟然这么说我，以后你天天去饭店吃吧！”

其实，S儿子说得非常对，S做中餐很有一手，但同时也真的挑食。我们外出聚餐，对菜品要求最多的就是她，不放葱姜、不放辣椒、不放香菜、不吃羊肉……她也曾多次抱怨和老公结婚多年，点菜还不知道将就自己的口味。

我把《我是演说家》中赖佩霞的相关主题视频发给了S，同时附上一句话：“亲爱的，如果将来有一天儿子长大，把一大碗羊肉端你面前让你吃，你不吃他就生气，大骂你不识好歹，还把肉倒进垃圾筐，你会觉得他是为你好吗？”

被伤害的自尊和热爱

有朋友对我说，她13岁的女儿最近迷上看言情小说，家里不让看，就偷偷在学校看。得知女儿把小说放在教室后，她怒不可遏，直接冲到女儿的教室，翻出3本言情小说，当着全班同学的面直接把书撕得稀巴烂。接下来，是女儿和她之间长达一个月的冷战，直到现在，女儿都未曾主动和她说过话，有事也只是写个便条放在茶几上。

朋友说知道自己稍微过分了点儿，但也是为了女儿的学习着想，但是孩子怎么就是不识好歹呢?

这位朋友的做法，我妈妈曾经用过。当时我在读小学，最喜欢看家长们觉得“毫无用处”的小人书。我上的是五年制小学，五年级就面临考初中，但我看课外书的节奏根本停不下来。妈妈说过我两次，我没听，第三次她忍无可忍，直接把我所有小人书都拿到厨房烧了……

现在回想起来，除了我妈不希望我因为看“闲书”影响学习，更重要的原因是当天她和爸爸吵架心情很差，而我又撞上枪口被她抓了现形……

直到现在，我还记得看到一本本心爱的小人书化为乌有时内心的绝望，以及对妈妈的那种真实的恨意：她根本不是我妈！我宁愿她不是我妈！

家长的这类粗暴制止，撕掉或烧掉的不仅仅是几本书，还伤害了孩子的自尊心、兴趣以及对某种事物的热爱，而自尊、兴趣和热爱，是一个人幸福的根本。

最好的滋养是父母的接纳

当孩子出生，每个妈妈的希望都很简单：健康就好。但随着孩子日渐长大，我们希望他会乖，会听话，学习好，懂得我们的不易，理解我们的付出……为了让孩子达到我们心目中理想的标准，我们甚至会忽视、伤害孩子的自尊。

很多年轻父母情绪控制力不够好，还顺带着把自己生活的波折与苦难映射到了孩子身上——不能伤害邻居、同事、朋友，就伤害毫无反抗能力又必须依附于自己才能生存的孩子吧！

慢慢地，我们以爱为名，让孩子失去了心灵的家。我们深爱的孩子，果真如我们盛怒时想的那么差劲吗？换个角度，能不能多用鼓励的方式来表达爱呢？比如文章开头那个因害怕而拒绝听力测试的孩子，她很谨慎，在以后的工作生活中可以最大限度地避免可能受到的伤害；S的儿子喜欢吃西餐，对各类西餐原料很感兴趣，以后很可能成长为极有生活情趣的男生；喜欢看言情小说的女生，只要引导得当，以后或许会写出颇有影响力的小说……

孩子的成长，除了好的物质条件，更需要心灵的沃土来滋养。我们不可以因为孩子的表现不合心意，就任意践踏他们的自尊。无论什么样的孩子，最好的滋养就是爸爸妈妈的接纳。并不是每个孩子都可以考100分，就如并不是每位家长都事业有成。无论是花朵还是绿叶，都各有各的精彩。

父母的习惯性羞辱，会影响孩子的一生

不被妈妈认可的孩子

我去带孩子试听英语课，在卫生间遇到一对母子。妈妈一边给孩子换裤子，一边劈头盖脸地责备：“你看看你，都4岁了还尿裤子，没有一个小朋友像你这样没出息。在幼儿园老师烦你，在家老给我们添堵，现在丢人丢到课堂上来了……”

看到喆同学进来，那位妈妈并没有停止对孩子的羞辱，而是又开始了新一轮的指责：“你看这个小朋友比你矮半头，都知道来厕所小便。反正我没带换洗衣服，你就湿着穿吧！”

孩子可能被骂皮了，眼神一片茫然，没有这个年纪应该有的灵光。看着幼小的他，我有些心疼，忍不住说了句：“我们家孩子夜里也在穿尿不湿呢，给他们时间，一定可以自主如厕的。”那个妈妈看了我一眼，没吭声，连拉带扯把孩子弄走了。

或许，这位妈妈觉得孩子太小，没有自尊心，不懂得羞耻感，才任性责骂。或许，她觉得当众说教可以让孩子记忆深刻，更有助于他改掉尿裤子的“坏毛病”。可是这样做只会让孩子幼小的心灵受到严重的伤害——不被妈妈认可的孩子，是这个世界上最孤单、最无助的人，他们小时候无法构建自我，长大以后更容易为了得到别人的肯定一再委曲求全。

“母女大战”的背后

我小时候，因为大部分父母工作忙，家里孩子也多，对孩子教育的标杆是听妈妈话，为了不让父母的辛苦白费要好好学习、不惹事，孩子心理层次的需求几乎从未被考虑。

小学三年级某节课，我做完老师布置的卷子，突发奇想和同桌打起扑克牌。妈妈有事来学校，路过我的教室，从窗户里看到我不务正业、诱导同桌违反课堂纪律，于是直接冲到教室，把我拎到讲台上，不顾赶过来的老师的极力劝阻，当着全班同学的面，啪啪啪给了我三个清脆的耳光，一边打一边说：“让你来学校是上学的，不是捣乱的……”

我大脑一片空白，强忍着没哭出来。当时我10岁，时间过去二十几年，我依然记得当时的想法：怎么没有个洞让我钻进去，太丢人了！她肯定不是我亲妈，我以后再也不要叫她妈妈了！

那天放学，我在家门口徘徊了一个多小时。爸爸发现异常，出门寻我，才发现缩在大门口的我。他看到我说了这样一句话：“虽然你上课打牌不对，应该受到严厉批评，但你妈当众打你也不对，我回去会和她谈谈这件事。”瞬间，我憋了整整一下午的眼泪倾泻而出，委屈情绪才得以释放。

当时心理上的奇妙变化我记得很清楚。一下午都想断绝母女关系的我，瞬间将想法变成了“上课打牌不对，要好好学习”的自我反思与激励。

一个朋友也有过类似的经历。小学五年级，她开始偷偷看哥哥姐姐买的言情小说。她妈妈觉得看闲书会耽误学习，和她斗智斗勇，逼得她只能半夜缩被窝里打手电筒看（这事我也干过）。有次看着看着睡着了，第二天，叫她起床的妈妈掀开被窝，发现了电量已经用光的手电筒以及小说，怒不可遏，直接把书撕掉，又翻箱倒柜，把所有和学习无关的书找出来，拿到楼下一把火烧了……

整栋楼的人都看到了这场母女大战。从此，课外读物从她的世界里消失，语文一直很好的她成绩直线下滑。直到现在，她还会偶尔和我念叨：“如果当初我妈不那么逼我，说不定我也会写作、开公众号，她一把火烧毁了我的作家梦想啊！”

耻辱从来不是进步的催化剂

那个时代，很多孩子都遭受过父母带来的羞耻感吧？

比如，为了买喜欢的东西偷拿父母的钱，会被当成反面教材和亲友交流；在日记里写喜欢哪个男生，被发现之后被当成“坏孩子”；老师反映情况，被家长不问原因劈头盖脸直接骂一顿……

偶尔被当众惩罚的孩子，随着年龄变大，心理创伤会渐渐自愈；而经常被羞耻感包裹的孩子，轻则变得敏感、多疑、自我封闭，重则在以后的工作生活中没有自信，心灵之门永远对亲爱的父母关闭。所以，我从来不觉得“知耻而后勇”是至理名言。羞耻感给孩子带来的是“我这个人不行”的意念传达，而非“这件事没做好，下次注意改进就行”。

耻辱从来不是一个孩子甚至一个人进步的催化剂，对一个失败事件的反思及内在的修正力量才能让一个人越来越棒。著名教育家马卡连柯曾说过：“批评不仅仅是一种手段，更应该是一种艺术，一种智慧。”

过年时和同学小聚，聊天说到毕业十几年，还能记起哪些老师。一个同学说他一辈子也忘不了初二的数学老师。那年为了考前三名，他考试时准备了小抄，刚拿出纸条想抄答案，数学老师就发现了他的伎俩，但老师只是快步走过，经过他时敲了敲课桌，没抓他现形，更没给他记过。

善意的提醒，维护了我那个同学的尊严，也给了他反思的机会。从那以后，上学也好，工作也罢，他再也没有要过小聪明。这种保护式的批评引导，才是我们应该学习的技巧。

孩子不自信，可能是你的养育方式有问题

我的微信公众号后台有不少留言咨询的朋友，他们的孩子从两三岁到六七岁不等，家长很发愁自己家孩子没自信，在外头玩个游戏都畏首畏尾，问我怎样才能让孩子自信起来。

其实，孩子的不自信，原因多半是在他们的成长过程中，教养方式的错误选择。

| 被忽视会让孩子觉得自己不重要

美国心理专家派克在《少有人走的路》中写道："我们爱某样东西，就会乐于为它付出时间。"但工作的忙碌、生活的无奈，让很多父母不得不把孩子交给老人照顾。晚上回家，时间还被手机或其他电子产品占据了很多，陪孩子的时间少之又少。

在游乐场、早教中心、候机厅，经常看到孩子在玩，父母在旁边看手机。孩子有新发现，兴奋地叫："妈妈、妈妈，快看看这个！"往往叫了三四次，家长才把眼神从手机挪到孩子身上，而孩子的情绪往往已经冷了下来。这种被忽视，会让孩子觉得"我在妈妈/爸爸眼里并不重要"，会影响他们生命最初的自我构建；如果自我构建无法完善，当孩子渐渐长大，更容易敏感、自卑。

所以，当孩子还小，爸爸妈妈一定要抓住一切机会，全心全意陪伴孩子。

用尊重代替过度保护

二胎没开放之前，绝大多数家庭都只有一个孩子，爸爸妈妈、爷爷奶奶、姥姥姥爷六个人的关注点全在一个孩子身上，孩子的衣食住行、吃喝拉撒全都包办了。这一点，从孩子入园，家长比孩子更焦虑就能看出来。

很多幼儿园要求孩子会自己穿脱衣服，这个要求让80%的家长都犯了难。微信群里很多妈妈都在说：“我家孩子不会穿上衣啊，裤子也分不清前后……以后幼儿园睡午觉可怎么办，老师不会真的不管不问吧……”

对于这个要求，我也有些担心，刚刚3岁的喆同学自己穿脱裤子、袜子、鞋子没问题，宽松的衣服偶尔能穿脱，但合体的基本穿不上。为了适应新生活，我只能给他一件上衣，鼓励他有兴趣的时候自己多练习。

从什么都不懂的小婴儿，到可以把手准确地放入口中的小宝宝，再到会翻身、坐着、站立……孩子的所有技能都是无数次练习的结果，但当孩子慢慢长大，家长往往会因为孩子穿衣服太慢而替他们穿，因为他们吃饭掉饭粒而喂他们吃饭，怕他们出门磕碰而选择抱着。长此以往，表面上节省了时间成本、降低了意外风险，实际上却扼杀了孩子自主学习的能力，让孩子失去了许多建立自信心的机会。

出门时，给孩子提供两双鞋、两套衣服选择；如果他们主动要求做家务，可以让他们把碗放到正确的位置；如果他们抢着接电话，是家人打过来的让他们说几句也无妨；外出旅游，可以让孩子参与计划的制订……当尊重替代包办，你会发现有很多意外惊喜。

让启发式引导代替习惯性指责

Z是我接触的最会引导孩子的妈妈之一。

我们一起去参加活动，2岁的孩子喝酸奶，不小心洒了一身，打算换备用裤子。自主意识很强的小朋友一定要自己换，虽然我们赶时间，Z还是把裤子递给女儿，耐心地蹲在那里等。因为是打底裤，有点儿紧，加上孩子刚刚跑动出了一身汗，导致裤子很难穿上，孩子只穿了一条腿，就开始发火。Z笑眯眯地说：“妈妈知道宝贝有点儿郁闷，但上次穿这条裤子你只提到膝盖，这次都提到大腿了，进步很大。如果你希望得到帮助，妈妈很乐意哦！”得到鼓励的小朋友情绪马上阴转晴，等妈妈把另一条裤腿调整好方向，自己又重新试了一次，成功穿上了裤子。

试想Z在女儿挫败时“补刀”：“跟你说我们要赶时间，非要逞能，穿不上了吧？”会发生什么样的场景？引导得当，才能避免不想出现的情况发生。

不用打击式比较刺激孩子

很多家长特别喜欢这样想：别的孩子能行，为什么我的孩子不行？所以，很多人从小就生活在“别人家孩子”的阴影里。

每个孩子都有自己擅长的方向，你拿一个爱运动的孩子和一个超级安静的孩子比谁能坐得住，这公平吗？

当我们这样数落孩子：“你看××家孩子考100分，你才考65分，丢不丢人啊！”如果孩子回一句：“你看××家爸爸买得起那么大的房子，咱们为什么只能住这么小的蜗居？”你有何感想？

孩子不能重新选择父母，我们也切忌用同一个标准去要求孩子。给孩子太多压力，不仅会毁掉孩子的自信，也必将是自讨苦吃的行为。

当孩子在某一方面不如别的孩子，比如数学只考60分时，我们可以用“下次有进步就好，你看你英语不是挺好吗”来鼓励他。即使所有科目成绩都不理想，也必有绘画、音乐、体育、人际交往等方面的长处可以抵消其他方面带来的挫败感。而具备寻找自己内在价值感的能力，孩子将一生受用。

人生是场马拉松，孩子才刚刚起跑，身为最爱他们的家长，我们必须不断修正自己和孩子的相处模式，才能让孩子接纳自己的优点和缺点，感受到自己的价值，进而建立起由内而外的自信体系。

请把发脾气的权利还给孩子

| 粗暴地阻止孩子哭闹有多可怕

关于孩子乱发脾气，一直是父母们最关心的问题之一，而在公共场合，乱发脾气的“熊孩子”的确随处可见。

一天，带孩子去吃比萨，遇到一个小男孩哭闹，妈妈讲道理未果，脾气暴躁的爸爸直接把孩子拉过来，暴打一顿。

喆同学一脸震惊加害怕，表情是惊恐的，问我：“他爸爸为什么打他？”

我顺口答：“他太淘气了，吃饭老乱动乱跑。”

结果，我这无意识的一句话，让喆同学一顿饭都很老实，晚上睡觉时还问：“妈妈，那个打人的叔叔回家了吗？”

我顿时特别心疼那个被痛打的孩子：作为局外人，喆同学都那么恐惧，被打孩子的心理阴影该有多大？

| 大多数孩子都能从恶魔切换到天使

接孩子放学时，我亲眼看到一个小男孩对着奶奶又踢又打，原因很简单——下电梯时，小男孩连续说了两遍“奶奶，让我先下去，让我先下去”，不知道是奶奶没听见，还是听见了就是不想对孩子百依百顺，径直走出了电梯。这下男孩不干了，先是哭闹，接着又上手又上脚。而奶奶一直试图给他讲道理，让他接受“谁先下都无所谓”的道理，却忘记了对大人来说无关紧要的事，可能对孩子来说是天大的事。

前些天，送喆同学的姐姐回日本。因为平时不太接触行李箱，他非要自己帮姐姐推箱子。环顾四周，人流量比较密集，我们有些为难，但考虑到他的积极性，便答应了他，同时跟他约定，如果箱子倒了，接下来就由爸爸或妈妈拉着，他满口答应。

结果推到一处缓坡前，轮子被地面上的缓冲带卡了一下，行李箱倒了，喆同学也倒了，我们顿时乱作一团，通道因此变得拥堵，后面的人群不得不停下来等待。

我第一反应是把孩子抱起来，喆爸则把行李箱拎起来。但还想继续推行李箱的喆同学不干了，冲过去和爸爸夺箱子，口口声声说："我还要帮姐姐推箱子呢！"

爸爸自然不让，强硬地把箱子夺回来，严厉地说："咱们说好了，箱子如果倒了就由爸爸或妈妈来推。"

喆同学很生气，估计满脑子都是"爸爸不让我推箱子"的想法，激烈地喊："爸爸讨厌！爸爸讨厌！"

本来就对处于"叛逆期"的喆同学很不满的爸爸，自然想借这个机会教训他一下。于是，这爷儿俩推推搡搡地在机场展开了"夺箱子大战"。

我知道老公并没有使劲儿，但在来来往往的旅客眼中，颇有些虐待儿童的画面感。当两个看起来三四十岁的外国友人不停地打量他俩，一个掏手机，一个准备过去阻止这场"战争"时，我赶紧冲过去对喆爸小声说"当众不责"，然后把爷儿俩隔离开来。

一场已经变为父与子权利之争的"虐待儿童事件"就此平息。我蹲下身，看着喆同学的眼睛问："你还是想帮姐姐推箱子，对吗？"

他气鼓鼓地答："是！"

"爸爸没让你推，你很生气对吗？"

他依旧生气地答了一个字：“对！”

然后补了一句：“爸爸直接抢走箱子，没经过我允许。”

我终于明白，他其实是明白规则的：自己推的箱子倒了，箱子要被收回，但收回之前，爸爸应该先说一声，少了这个过程，孩子觉得被粗暴对待了。

姐姐这时候过来，笑笑说：“那你帮姐姐推到安检通道那里，好不好？”

小家伙立刻笑了，很快答应：“好！”

回来的路上，他情绪已经完全平复，我们聊天时，我问他：“你对爸爸又踢又打，这样对吗？”

他有点儿不好意思，大声对开车的爸爸说：“爸爸，我刚才不应该打你的，我给你道歉：对不起！”

适当让孩子发脾气不是坏事

对一些成人来说，情绪控制都是一种比较难修炼的能力，对于孩子来说更是如此。而发泄出来，是孩子排解不良情绪的一种方式。

情绪是一种能量，不会自动消失。如果一味想把孩子的坏情绪压制住，当他们能力渐渐增强，总有一天会把积压的情绪宣泄出来：小时候表现为不喜欢学习、叛逆，长大后故意选择父母不喜欢的恋人或伴侣、做父母不喜欢的工作。我的一个朋友，甚至选择了远离父母，到离家很远的地方结婚生子，切断和父母之间的亲密纽带。

而当各种问题集中爆发，父母们陷入了无奈：“我家孩子小时候那么乖，现在怎么成了这个样子？”事实上，他们口中的“乖”，只不过是孩子当时无力反抗的妥协。

为了不让孩子和家长的距离越来越远，我们可以试着站在孩子的角度理解问题、引导解决。当我们改变了自己，就会发现孩子变得懂事、讲道理、会合作了。

发脾气是每个孩子的权利

发脾气的孩子≠不可理喻的孩子。

就算我们觉得孩子再无理取闹，也尽量别把孩子某个时刻的行为贴上性格标签。

试想一下，当我们和老公吵架，如果老公一直说：“不许哭了！”“不许说了！”“不许闹了！”我们心里的怒火是会马上熄灭，还是会燃烧得更旺？

但这几句话，恰恰是我们在孩子发脾气时最常说的。对孩子伤害最深的，也许不是我们不让孩子做某件事，而是孩子发现自己连发泄情绪的权利都没有。

引导孩子说出内心的真实想法

如果孩子情绪无法平静，可以暂时远离，也可以让家里其他人出面安抚。

等孩子冷静下来，我们可以主动找孩子聊天，听听他们的想法，一旦我们引导孩子说出内心的渴望，事情也就解决了一半。

一天，朋友跟我说了他们家女儿田田的事。田田今年4岁，刚上幼儿园小班，平时田田没有起床气，某天穿好衣服后突然发脾气，说不上幼儿园了。朋友觉得很莫名其妙，又担心上班迟到，就强行把孩子送到了幼儿园。结果孩子一整天情绪都不好，接下来几天都对幼儿园很抗拒。

后来偶然的机会，朋友听到田田在“过家家”时对着玩具小熊说：“下次别穿这条裤子啊，你自己穿不好，还得让老师帮你！”

朋友恍然大悟：那天正好给孩子穿了紧身的打底裤，会不会是孩子穿不好，被老师批评了呢？

朋友通过后来和孩子的聊天，证实了这个想法。那以后田田每次上学，朋友都会选择宽松的、孩子可以自由穿脱的衣裤，孩子便再也没抗拒过幼儿园。

先肯定，再否定

有个妈妈微信留言，说孩子午睡时尿裤子，被老师批评，心情本来就不好，一直反对孩子穿尿不湿的奶奶还火上浇油，不仅指责这位妈妈我行我素，还一直拿这事说孩子，动不动就说："没羞没羞，四岁了还尿床，你爸爸两岁就一整夜都不尿尿了。"

结果，孩子因为无法控制小便，害怕老师批评，担心小伙伴笑话，再也不肯去上幼儿园了，一提上幼儿园就在地上打滚。

转了新幼儿园后，孩子还是抵触、哭闹，但只要孩子哭闹的时间缩短，这位妈妈就鼓励孩子有进步，同时态度坚决地表示爸爸妈妈要上班，幼儿园必须要去，而不再简单粗暴地说"不可以不上幼儿园"。周末孩子在家，午睡如果没有尿床，也会及时进行鼓励，慢慢孩子就愿意去上幼儿园了。

我们父母那一代，往往觉得一定得让孩子有羞耻感、恐惧感、内疚感，孩子才能长记性。其实孩子天生敏感，很多时候我们只要稍作引导，他们就会把事情做得更好。

合理满足孩子的要求

乐乐是我们的邻居，也是一个调皮的小男孩儿。有段时间他疯狂爱上水，动不动就说要帮妈妈洗碗，弄一地水。他妈妈威逼利诱的招数都用上了，每次都是强制他关上水龙头，直到他大哭一场才算完事。

有次聊天，乐乐妈跟我说了这个苦恼，我把自己的经验和她分享：试试买个防水围兜，和孩子一起商量每次玩的时间、地点、用品。

当乐乐再提出要玩水时，妈妈便提出每次玩10分钟，每次玩都穿上防水围兜，尽量别把水洒到地上，乐乐一一答应。

在这个游戏中得到满足的乐乐，在玩水时变成了天使，有时还会拿着抹布，说要把台子上的水擦干净。

看，当我们合理满足了孩子的要求，孩子回馈给我们的也是天使般的行为。

孩子，你可以不“善良”

Chapter

02

孩子，不可能全世界都来宠爱你

| 其他人也可以不让着我们

幼儿园每天早上8点就可以送孩子入园，我每天都8点半左右才送喆同学过去。一是想错过7点半的早高峰，二是想和他多待一会儿——每天早上，他赖在床上喊“妈妈，你快过来啊，陪我再躺5分钟”，我都感觉很幸福。

一天早上，我们8点半左右上的车，公交车上人还是很多。平时一看有带小孩的乘客上车，售票员都会喊“哪位乘客给抱小孩的让个座啊”，这天我们上车时，售票员在忙别的事，没有发现我们。

我努力往车中间走，想找个有扶手的地方，这样可以一手抱孩子、一手拉住扶手站稳。结果我刚站住，喆同学就对着一位女士喊了一句：“阿姨，您能给我们让个座吗？”

我有点儿尴尬。

挤公交或地铁上下班的年轻人并不比其他人轻松，当他们“被让座”时，可能才刚刚坐了一两站。所以我平时和喆同学聊天，会有意无意跟他说：“咱们坐公交车只坐几站就到了，妈妈抱着你也可以，所以叔叔阿姨不让座也正常，他们上班也很辛苦。”

才3岁的孩子，可能听不懂这些，或者即使听懂了，因为天天坐公交都有别人让座，他潜意识里会觉得自己上车就应该有座，所以才童言无忌，直接让别人让座。

那位女士也是温和之人，一抬眼看到我抱着孩子，笑着说："不好意思啊，小朋友，阿姨刚刚看手机，没看到你。"

否则，我真不知如何处理接下来的尴尬场面。

下车后，我问喆同学："我们刚刚在车上，是不是有事做得不太妥当？"他不好意思地笑笑，说："喆喆说让阿姨让座。"我说："这次没关系，明天就算没有人给咱们让座，咱们也不大声嚷嚷好吗？除了爸爸妈妈、爷爷奶奶，其他人不让着我们也是无可厚非的。"

他似懂非懂，但我知道总有一天，他会懂这句话的含义。

心怀期待，但明白不可能事事如愿

一天，好友给我打电话，说自己心里很难过。

她女儿萌萌今年5岁，读幼儿园中班，和邻居家的小女孩可可是好朋友。可最近一段时间，可可突然对她女儿爱搭不理的，萌萌几次拿零食过去给她，她都拒绝接受。

萌萌的世界，开始布满忧伤。

一天幼儿园放学后，可可和三四个小姑娘一起玩，萌萌不甘心和好朋友就这样疏远，在妈妈的鼓励下，她走上前去问对方："可可，我能和你们一起玩吗？我可以把新买的乐高给你们玩。"

好友说："当时我比孩子还紧张，我怕她一而再、再而三被拒绝。虽然我女儿已经有些讨好的意思，但可可还是来了句'以后我都不和你玩了'……我闺女当时眼圈就红了，转过头望向我时，眼泪哗哗地就下来了，看着她委屈的样子，我心里真难受。"

对于好友的心情，我感同身受。

身为一个好动小男孩的妈妈，我对喆同学某些突然的行为也很头疼。

比如，现在他奔跑的速度很快，带他去公园玩，经常一眼没盯住，就冲到跳舞或者玩乐器的老人中间。虽然他在动别人东西之前都会问：“我可以摸摸吗？”但这样的莽撞，有时候还是会惊着别人。

喜欢孩子的，一笑了之，甚至有时候还会让他摸摸鼓、笛子、麦克风什么的；不喜欢孩子的，冷着脸不说话是常态；大声叫“这是谁家孩子，有没有人管啊”的人也偶尔有之。

错在我们，向受惊的人道歉是必要的，但看着喆同学闪着光的眼神一下子变得茫然无措，我心里一闪而过的难过亦是真实存在。

我无法向陌生人解释：这个年纪的孩子就是好动、好奇，大脑对行为的控制又不像成人那么自如，所以他们常常无意识地表现得“没有礼貌”。

每一个当妈妈的，可能都心怀期待，希望这个世界会善待我们的孩子，但也不可能事事如愿。

找到让自己最舒服的姿势

每个当妈妈的，都希望孩子无忧无虑长大，都希望孩子集万千宠爱于一身。但孩子的成长，必定是挫折和成功同在，忧伤与欢乐同行，冷落与宠爱纠结。好的坏的，他们终究要亲自承受。如此，他们才能一点一点长大，一点一点在规则的束缚下，找到让自己最舒服的姿势。

这个过程，身为父母，我们可以引导，但不能替代；我们可以抚慰，但不能抹去他们成长的忧伤；我们可以偶尔玻璃心，但不能因为爱而失去对与错、是与非的判断。

孩子越早明白不可能所有人都顺从他、宠爱他、原谅他，便越早远离任性、刁蛮、霸道，越早变得独立、自信、合群。

孩子，你不亏待别人，生活也不会亏待你

分享和交换带来更多快乐

最近天气好，我们周末基本取消了所有的室内活动，有机会就带孩子去公园玩。

有一次，几个陌生的孩子在公园篮球场上玩，有的骑扭扭车，有的骑滑板车，有的骑平衡车。都是三四岁的样子，很快就熟悉起来，一会儿一起玩土，一会儿玩你追我赶的游戏。

那个骑扭扭车的男孩，玩了一会儿推土游戏，突然想玩滑板车。他挺有礼貌地跟一个小男孩说："哥哥，你骑我的扭扭车，我骑你的滑板车行吗？"

小男孩挺乐意交换，主动把崭新的滑板车拉了过来，很爽快地说："给你！"

谁都没想到，尴尬的一幕出现了——小男孩的奶奶不乐意了，直接威胁自己家孩子："这可是你昨天刚收到的新车，如果你想玩的时候弟弟不还你，可别跟我面前哭鼻子啊！"

小男孩看了看奶奶的脸色，又把车收了回来。

另外一个骑滑板车的小男孩正在玩土，他很友好地说："我的给你骑吧。"

回来的路上，我问喆同学："如果小弟弟想和你换平衡车骑，你换吗？"

他很认真地想了一会儿说："我不玩平衡车的时候，可以给他骑；我不想

玩扭扭车，也可以借给他骑5分钟。”

事实上，只有孩子建立起“自我”，才能替别人着想，那些“舍己为人”的孩子，长大后幸福力通常比较弱——没有人永远付出而不求回报，当他们懂得愉悦自己，才能快乐他人。

当孩子顺利度过物权敏感期，会慢慢在社交生活中得到分享的快乐，送别人礼物、收到别人送的礼物，他们都十分开心。

孩子的交换和分享，从不用物品的金钱价值衡量，只遵从内心。比如有一次，喆同学用刚买的糖葫芦换了一个小朋友手里捡来的木棍，并且遵守了“一周内不再买糖葫芦”的约定，那个木棍放在家里长达一周，几乎天天玩。

这种分享和交换，在成人眼中有些不划算，但这种“不亏待别人”的单纯，却让孩子收获了更多的快乐。

太爱占小便宜的人不会有大格局，那些懂得“有原则性吃亏”的人才更有未来。从这个意义上讲，我愿意孩子是那个懂得吃亏、舍得吃亏的人——小时候吃点儿亏，是为了长大以后少吃亏。

孩子，你可以不“善良”

让善良开出最美的花

那时候，喆同学还不到2岁。早上7点，我洗漱之后去门口的奶箱取喆同学的牛奶。往常这个点儿，牛奶早就静静地“等”在那儿了，可是那天，打开箱子，里面空空如也。

不是号称6点半之前必定送过来吗？想着喆同学的早餐没有了最爱的牛奶，我内心的不悦渐渐弥漫开来。

7点半，门铃响起。从门镜里望过去——自从有了喆同学，开门前侦察门外情况，成为我的必修课——门外，正是熟悉的送奶工，她的脸上写满了焦急。打开门来，未等我说话，送奶工就递上一瓶牛奶：“实在对不住，我爬楼梯时不小心踩滑，打碎了5瓶奶，其中就有你家宝宝的。送完其他客户的东西，我紧赶慢赶回奶站重新取，还是晚了一个多小时。”

她说的奶站我去过，离我们小区差不多四五公里，她踩着三轮车，在这个特别容易堵车的周一早晨，一个多小时已经是最快速度。这番话入耳，心中小小的不快早已消失得无影无踪。

不知道什么时候，喆同学也来到我身后，他胖乎乎的小手指着送奶工的腿说：“破，腿破！”我这才注意到，穿着五分裤的送奶工，小腿上有未曾擦净的血迹。说完，喆同学噔噔噔一溜儿小跑回到卧室。片刻后，又噔噔噔跑回来，手里多了一个创可贴。“阿姨，给你一个创可贴，贴贴，不流血，不疼！”喆同学把创可贴高高举起，往送奶工手里递。

差半个月才2岁的喆同学，把平时我给予他的爱和关心，恰如其分地传递给了素不相识的送奶工。“好，阿姨贴贴，阿姨贴贴！”说着，她接过满满的童真，撕开外包装，弯下腰，把创可贴郑重其事地贴在了受伤处。再直起身子时，她眼圈微红。

“妹子，娃儿这么善良，你肯定也是心善的人，谢谢你，还有你这个小帅哥！”她捏了捏喆同学的脸蛋儿，转身离去。我抱起喆同学，看着他清澈的眼神，郑重其事地说了声：“谢谢你，宝贝儿！”

还在碎碎念“阿姨疼，吹吹”的他，理解不了我那一刻的心情。我是真心感谢他用世上最纯净的善良，给我上了一课——孩子的心，是肥沃的土壤，你在那里种植了爱，它就长出爱；你在那里种植了善良，它让善良开出最美的花……

善良要有原则和底线

在善良这个问题上，父母通常都想让孩子有爱心，因为善良是个好品质；但又怕孩子因善良而变得软弱，以后和人交往中会吃亏。

所以，每个爸爸妈妈都要在生活中慢慢教会孩子“善良的技巧”，即善良要有原则、有底线。

教育孩子，也是一个自我完善的过程。在生活中，自己也好，孩子也罢，在对别人表达善意和爱心时，要先问问自己的内心这几个问题：这件事会不会给自己带来麻烦或危险？这件事会不会让自己觉得委屈？这件事会不会给自己的生活带来大的负面影响？这件事的结果，是不是让自己感到心情愉悦？

如果用一句话来总结衡量善良的标准，即你去表达自己的爱心后，你会不会快乐；假如这件事会让你预想到不快乐，就要果断拒绝。教孩子善良，也是这样的原则，一定要教会孩子遵从自己的内心，如果自己不情愿，就算别人说破嘴皮子，都可以说“不”。

这道理就和孩子分糖果一样简单。如果有一堆糖果，分给别人一颗，孩子一般都同意；但只有一颗糖果，你却让他去给别人吃，他会乐意吗？

拒绝陌生人的食物，但不要让孩子走入极端

被打压的心理需求

和一个妈妈聊天，谈到孩子马上正式入园，如何教他远离陌生人、保护自己的人身安全时，她和我分享了一件事。

她女儿嘻嘻3岁1个月，半年前进入缓适班学习，和同班3岁9个月的女孩妙妙是好朋友。放学后看到家人，是孩子们最开心的时刻，家长们多半选择让孩子们在幼儿园的游戏区撒会儿欢。玩累了，小朋友会找家长，要求喝水或吃小零食。两三岁的孩子，对别人的食物总是有着强烈的好奇心，熟悉的小朋友之间，经常相互分享食物。

嘻嘻刚去海边玩回来那天，给妙妙带回来一个海螺，趁放学时送给了她。当时，嘻嘻吃着奶片，也分享给妙妙一袋。没过几分钟，原本因为拿到礼物开心跳跃着找妈妈去的妙妙哭着回来了，手里拿着那个海螺和奶片，她一边哭得很伤心，一边说："我妈妈说，不能要别人的东西，还给你们……"

这个妈妈当时很尴尬。她平时也经常告诉孩子不要随便要陌生人的东西，但她女儿和妙妙同学将近半年，自己和妙妙妈妈也聊天多次，加上两个小朋友在班里形影不离，所以她让女儿选礼物送给好朋友时，女儿第一个想到了妙妙。既然被拒绝，她只好安抚女儿，让她明白接受不接受自己的好意是别人的自由。

让她感觉可怕的是接下来发生的事。

第二天，她去接孩子，又碰到妙妙，当时妙妙妈妈还没到学校。妙妙一见嘻嘻妈妈就冲过来，一边眼睛望向教室外面，一边问："阿姨，那个海螺你还有吗？我很喜欢。奶片能不能给我吃一片？"

嘻嘻妈妈选择了委婉拒绝。

第三天，妙妙的行为更加简单粗暴：直接扯过嘻嘻妈妈的包，拉开拉链，抢了一包奶片。吃完后还可怜巴巴地和嘻嘻妈妈说："阿姨，你别告诉我妈妈好不好？她会骂我的。"

嘻嘻妈妈当时的心情很复杂，但最终，她选择了保持沉默。老师目睹了事情的经过，和嘻嘻妈妈说抱歉，并表示妙妙这种行为并不是第一次。

在家里一直被打压的心理需求，当大人不在场时，有了极端的出口。这样的孩子，如果真的遇到陌生人的诱惑，心理防线很可能比普通孩子更容易被攻破。

告诉孩子哪些人的东西可以接受

我也遇到过类似的小朋友，因为爸爸妈妈在接受其他人的食物上管教严格，当着家人的面，他们很规矩、很乖，但离开家人的视线，他们对于其他小朋友的食物往往表现出更强烈的兴趣，会主动索要、动手抢夺甚至直接从小朋友的书包里翻找。

曾有记者做过试验，只用3个橘子，不到2分钟时间，就骗到了3个小孩跟他走；而在幼儿园，一位陌生老奶奶只用一个游泳圈，就轻松地"诱拐"了二三十名小朋友。

所以，为了保护孩子，与其极端且强硬地要求孩子"不可以、不能、不允许接受除家人之外其他任何人的食物或物品"，不如利用和3岁之前孩子朝夕相处的机会，告诉孩子哪些人的东西是可以接受的。

学会如何保护自己

任何行为，做得极端，就很可能由好事变为坏事。

对于别人送的东西，不用完全禁止孩子接受——明明很想吃却要坚决“抵制”，对孩子的心理绝对是种折磨；当然，也一定要立好规矩：绝对不可以随随便便拿别人的东西。

——在公共场合，家人在场，一定先问家人可不可以吃；

——在公共场合，家人不在场，教会孩子先接受，但是要回家再吃；

——在私人场合，比如带孩子去亲戚朋友家，可以提前告诉孩子，主人给自己小零食，如果喜欢可以接受，并道谢；

——和孩子相处时，可以告诉他们除了爸爸妈妈、爷爷奶奶、姥姥姥爷，还有哪些叔叔阿姨是值得信任的，如此，孩子会慢慢学习分辨家人之外的人际关系圈。

想让孩子保护好自己，生活中还要慢慢渗透给孩子这些事：

——爸爸妈妈的电话要熟记；

——去商场等人多的地方或外出旅行，要在孩子口袋里放上有随行家长联系方式的纸条，万一和家长走散，告诉他们要找其他人帮自己打电话；

——平时去商场或景区，要告诉孩子哪些人值得信任，如保安、警察、军人、商场或饭店服务人员等，这样意外发生时，孩子才知道向哪些人求助。我带喆同学外出，遇到保安或警察就会告诉他：万一看不到妈妈，就把妈妈的电话告诉这些叔叔或阿姨，让他们帮忙打电话。

——对于五六岁已经有一定自我保护能力的孩子，就可以告诉他们不吃陌生人给的食物、不接受陌生人的衣服、不要在没有家人陪伴的情况下给陌生人提供帮助；万一被陌生人拐走，要找机会寻求帮助。

五六岁以下的孩子没什么人生阅历，不会分辨好人和坏人，身为爸爸妈妈，我们必须不断从生活的方方面面告诉孩子保护自己的方法。我们不能为他们营造一个拒绝一切的真空地带，只有当他们明白这世界有好人也有坏人，才能真正学会如何保护自己。

危急时刻，这6个方法让孩子远离性侵害

被忽略的家庭性教育如何进行

各类媒体新闻报道中，儿童被性侵的悲剧已不止发生过一次两次，在生活中如何教育孩子，才能减少这种事件发生？

◆告诉孩子“内衣覆盖的部分不能让其他人随便碰触”

这是老生常谈了，但真正能做到的有几个？大街上那些穿开裆裤的宝宝，隐私部位就那样随便让所有人观看。在家里穿着内衣裤或光着膀子在孩子面前晃来晃去的长辈，是在告诉孩子“长大了就可以随便暴露”吗？动不动就摸摸小男孩“小鸡鸡”的大人，是在故意破坏孩子的隐私观念吗？

从喆同学出生开始，我就要求孩子爸爸在家也要保持形象，喆同学没断奶时我换衣服也从不当着他的面。爸爸妈妈都是孩子的榜样，我们自己注重隐私，孩子就会潜移默化受影响。

现在，我经常和喆同学说的话就是：小内裤捂着的部分，只能是爸爸妈妈、爷爷奶奶帮你洗澡的时候才能碰。

和一个日本留过学的朋友聊天，得知在日本，不仅教育孩子从小就不能暴露隐私部位，在公共场所，比如游泳馆，给孩子换衣服时，也不会像国内这样随便几个男孩女孩一起脱，没有隔离板的话，每个小朋友脱掉上衣后，都会披上小斗篷，然后再脱下内裤换上泳裤。

小时候的性教育，还包括引导孩子认识自己的身体，对孩子提出的性问题

大大方方地解答，让孩子觉得性是一件正常的事。

◆不随便和外人单独相处

这个外人，包含爸爸妈妈、爷爷奶奶、姥姥姥爷以外的任何人。大部分性侵或意外伤害，都发生在熟人之间，坏人并不都长着一副坏模样，相反可能是平时对你温情脉脉的人。

在孩子没有辨别能力时，家长一定要让孩子明白：和外人单独相处是有危险的，实在躲避不掉外人的纠缠，那就把交谈场所放在有更多人在场的饭馆、咖啡馆这类人来人往的地方，或者操场、广场这类没有围墙之处。

如果孩子已经读小学或中学，要让他们知道，老师也是存在危险的。比如，当被老师叫到办公室单独训话时，如果老师有锁门的动作，很可能意味着危险来临。

◆以做朋友的姿态和孩子相处

我们这一代人的父母，差不多都是标准的家长姿态，不时发挥着家长的权威：在学校被批评，肯定是你的错啊，老师怎么不批评别人呢！和同学打架，肯定是你的错啊，他怎么不打别人呢！东西丢失，肯定是你的错啊，谁让你不放好呢……

这样的结果，就是我们什么都不爱和家长说，也阻断了亲子沟通。

自从有了喆同学，我特别希望自己可以是朋友型的家长。毕竟我们无法随时守候孩子，随着他们越长越大，更多的信息我们是从孩子的老师、同学那里知道的。孩子愿不愿意倾诉，决定着我们对孩子思想、行为的了解是否全面。

在亲子关系中，我觉得最悲哀的就是：孩子受到的伤害，作为妈妈是最后一个知道的。

◆大喊大叫不礼貌，但必要时一定要大喊大叫

从小我们就教育孩子大喊大叫不礼貌，但随着他们的判断力越来越强，我们是应该鼓励他们发声的，比如当他们觉得受到威胁时。“会哭的孩子有奶

吃”，这句话一定程度上是有道理的。当危险来临，大喊大叫往往能给孩子争取到被救的机会。

◆拒绝是你应有的权利

我从小就不怎么会拒绝别人，毕竟让更多人喜欢，是很多人希望的。工作几年后，看了很多书，我才明白“说‘不’是每个人的权利，我没必要想着讨所有人的欢心”，也慢慢开始对自己不愿意做的事说“不”，对不喜欢的人渐渐远离。

所以喆同学不愿意做的事，只要不是原则性问题，我都会允许他自主选择。能为自己做决定、明白自己喜好的孩子，以后才能更好地独立。

很多人都缺乏界限感，所以当别人越界时，自己的做法也往往是“后退一步”，俗话说“退一步海阔天空”嘛！日积月累，自己的底线越放越低，很可能连正当需求都被压抑了。

所以，教会孩子说“不”，才是让他们建立自我的第一步。

◆平时注意安全意识的培养

当孩子慢慢长大，有了自己的社交圈，家长要有意培养他们的安全意识。

比如和小伙伴聚会，回家时尽量成群结伴，打车要打正规出租车，晚上打车的话，上车前要记住车牌号并将车牌号发给亲人；比如长途旅行，一定不要随便吃陌生人的食物，喝陌生人的水；比如独自外出，尽量别看热闹或多管闲事，保护好自己才是第一要务。

从孩子出生那一天起，从某种意义上来说，每对父母都成了刚入学的“小白”，在育儿这条路上，有太多知识需要我们去学习。这个过程很累，但想着小人儿会因此得到更好的滋养，所有累便都化成了幸福，不是吗？

成长的疼痛，是孩子的必经之路

下雨天一样有必须赶的路

一天，北京下大雨，奶奶打电话说："这么大雨，要不别让孩子上缓适班了，送我们家来吧。"

我谢过奶奶，还是坚持送喆同学去了幼儿园。从家到车站需要走5分钟，下了车也要走5分钟。小朋友穿着雨衣、雨靴，保护得比较好，而我的裤子几乎全部湿透。

到了教室，老师开玩笑："喆喆，今天老师可以带你一个人上课。"

我环视四周，才发现离上课时间只剩5分钟，来了3个小朋友，其中有一个还是幼儿园工作人员的孩子。而平时，这个点至少有将近10个小朋友。

孩子爸爸说我对喆同学有些严厉了。但我相信等他长大，自然会明白妈妈为什么对他这么"狠心"。就如绝大多数已经走上社会的成年人一样，不会因为下雨就停止工作，不会因为刮风就推迟要签的合同。下雨天，一样有必须赶的路，必须做的事。很多时候，别人在某件事上做得更好，就是因为多了一些坚持。

事关原则不可以让步

8个月，喆同学第一次坐安全座椅，从家一直哭到奶奶家，耗时46分钟。被束缚得不舒服，让他哭哑了嗓子，哭干了眼泪。中间有两次，喆爸听不下去，说：“要不，你抱抱他吧？”

身为妈妈，我比爸爸还心疼，他只是听到喆同学的哭声，我却在后排和喆同学坐一起，看他从一开始把安全座椅当玩具到后来拼命挣扎，再到哭得满脸眼泪和鼻涕……

但是，孩子，事关安全，我必须让你明白：事关原则，不可以让步，你的生命安全高于一切，这其中就包括相对意义上的自由。这样的哭泣，断断续续有半个多月，孩子才慢慢习惯了安全座椅的保护。

学会适应规则

喆同学1岁半时，因为贪玩不好好吃饭。我指着墙上的挂钟告诉他：“指针指到这个数字，妈妈就把饭收起来，并且接下来只能喝白开水，不能吃任何零食。”

他以为我在开玩笑，因为爷爷奶奶从来不舍得他挨饿，他明白就算正餐时间不吃饭，其他时间也能吃饼干、海苔、面包……所以根本无视我的“威胁”，依旧我行我素。

到了约定的时间，我把饭菜收起来。

过了一会儿，他摸摸肚子，说：“喆喆饿。”

我回答：“现在已经过了吃饭的时间，不可以再吃饭。”

他不甘心，用哭闹来抗议。

听着他的小肚子饿得咕咕叫，我其实比他还难受，但对于他那长达二十多分钟的哭闹，我狠心假装听不见。孩子，你不会知道，妈妈上卫生间时，洗了脸，因为我怕你发现妈妈流过眼泪。

经过一次挨饿，喆同学终于知道在吃饭问题上妈妈不会妥协，就慢慢养成了按点吃饭的习惯。

等喆同学上了全天缓适班，成为班里独立吃饭最好的小朋友之一。而吃饭习惯不好的小朋友，想改掉家长追着喂饭或边玩边吃的不良习惯，要经过至少半个月的适应期，饿肚子的次数何止一次两次。

亲爱的宝贝，等你长大会明白，个人情绪终究要适应集体规则，你的缓慢、任性，都会付出更大代价，比如在幼儿园，老师不会因为你吃得慢而放缓日程安排，甚至不会因为你在家要搂着小熊玩偶睡觉就允许你把玩偶带到幼儿园。

不是每一句“对不起”都可以换来“没关系”

喆同学2岁时，我带他去动物园。他站在滑梯上，另外一个小姑娘也站了上去。物权意识强烈的喆同学，觉得滑梯是他一个人的，就起身推小姑娘，小姑娘虽然没有磕着碰着，但是吓哭了。

我赶紧给小姑娘道歉，同时抱起喆同学，跟他讲道理。执拗的他不能理解，乱踢乱踹，接着哇哇大哭。同行的朋友说：“算了吧，孩子还小呢！何必这么较劲儿。”

但等喆同学情绪稳定，我依然坚持告诉他：“滑梯是公共场所的东西，大家都可以玩，你要给小姐姐道歉。”

喆同学想通之后，怯怯地过去说：“对不起，我不应该推你。”小姐姐把脸背过去，说：“我才不要原谅你。”与此同时，女孩子的妈妈告诉自家孩子：“当有人打你，你一定要打回去。”

喆同学站在那里，手足无措，委屈得眼泪直打转。我虽不认同对方的引导方式，但依旧明白无论如何，都是喆同学有错在先，所以没有立即安抚他。孩子，等你长大就会明白，并不是每一句“对不起”都可以换来“没关系”，无意识的举动只要对别人造成伤害，你就要承担后果。

走向独立是孩子的必经之路

2岁8个月，为了让喆同学和其他小朋友有更多接触，也为了他9月入园时更好地适应幼儿园生活，我决定把他送到全天缓适班，提前适应集体生活。

第一天，他没明白怎么回事，开心地和我说再见。第二天，他明白和妈妈说再见后，是长达9个小时的不见，开始哭着闹着要妈妈。

因为专注宝宝心理引导，我知道入园时，妈妈切忌太过焦虑。但是我真的很没用，读了那么多书，跟别人讲了那么多道理，在关上教室门的那一刻，听孩子在里面哭得撕心裂肺，我的眼泪止不住往外流……

我因为放心不下，在早教中心大屏幕处坐了一天。中间，喆同学跑出教室4次，跑出早教中心大门3次，想看看妈妈是不是还在。看着他小小的身影，无助地四处张望，我心里难受极了……

但是，孩子，和妈妈分离，走向独立，慢慢长大，是你的必经之路。

所以每次无论你哭得多凶，妈妈都果断转身离开，任你哭得惊天动地。妈妈明白你和所有小朋友一样，第一次离开爸爸妈妈，有着不可避免的分离焦虑。妈妈也明白，你之所以焦虑，是认为妈妈的离开，就是永远都见不到。当你每次放学，都看到等在教室外面的妈妈，会慢慢明白，分离只是暂时的，妈妈永远都在不远处等着你，望着你，爱着你。

宝贝，妈妈没有像有些小朋友的家长那样，当你哭泣，就心软地留下来陪你上半天课，或者担心你睡不着午觉而一直待到中午，直到把你哄睡。因为成长的疼痛，注定要你进行自我消化。就像长大后，我们在学习、工作过程中遇到挫折，别人建议再多，也只是言语安慰，90%的痛楚，需要独自消化。

亲爱的宝贝，在你以后的成长中，妈妈“狠心”的事情会越来越多。请不要怪妈妈，因为如果妈妈不“狠心”，会有别人来替妈妈狠心，所以我宁愿自己来做那个“狠心的人”。

如何教孩子面对来自世界的恶意

坦然面对这世界上的恶意

前些日子，我带喆同学去天坛公园玩，他正在路上骑着平衡车，一个高他一头半的男孩子直接挡在他面前："给我玩玩呗！"

看着大哥哥横在面前，喆同学愣了一下神，一时间不知道怎么回答。玩得正开心的孩子肯定不愿意把车让给别人，他想了一会儿，问："哥哥，你几岁了？"

一看没借给自己车，那男孩有些恼怒，恶声恶气地说："关你什么事？我为什么要告诉你？小心别撞着我，不然有你好看！"

说完扬长而去。

我没想到，看起来不过七八岁的孩子，言语间竟然充满暴戾的威胁。从头到尾，跟他一起的爷爷一言未发，可当孩子转身离开，老人却适时"补刀"："一辆破车，有什么稀罕，小气巴拉的！走，咱们去那边玩健身器材去！"

喆同学看看爸爸，又看看我，眼神里充满了委屈。我蹲下身，抱抱他，安慰道："没事，有爸爸妈妈在呢，咱们继续玩。"

他没有动，问了一句："妈妈，那个大哥哥他对吗？他是不是没礼貌呀？"

"他不对，也没有礼貌。如果喆喆想把车借给他就借，不想借也没有错。"我解释道。

回到家，等他睡着，我和喆爸聊起这件事，我们俩观点基本一致：尽管身为父母，我们都希望这世界对自己的孩子温柔以待，但这世界上的恶意，孩子终究要学会坦然面对。

提升孩子的“逆商”

让孩子无论何时何地都得到别人的善待，是一个不可能实现的奢侈梦想。因为宝贝只是我们的宝贝，在别人眼里，他只是毫不相干的陌生人。

当孩子还小，爸爸妈妈可以是他们的盔甲，保护他们免于伤害；当孩子渐渐长大，去了幼儿园、小学、中学，就可能遇到种种伤害，比如被孤立，被欺负，被嘲笑。此时，孩子强大的心理，会保护他们免于伤害。

当然，让孩子学会坦然面对外界的伤害，并不是让他们一味认怂，而是慢慢让他们知道哪些事情值得花费精力去计较，哪些事可以轻描淡写地抛到脑后。

因为当孩子被伤害，我们不分青红皂白地指责，会让孩子沉浸于不快乐中，也有可能让他们养成“怎么别人都针对我”的弱者心态；而引导他们自我疏解、不去理会，则有助于提升孩子的“逆商”，让他们的心理变得强大。

这条路，可以
让孩子通往高贵

Chapter

03

有缺陷的孩子，也可以内心强大

用平常心对待孩子的缺陷

我曾收到一位来自安徽的朋友的留言，长长几段话——

我女儿出生时，左脸颊就有一块胎记，像大拇指的指甲盖那么大。我们家乡有句老话：穷记脸，富记腰。从孩子出生那天起，我就一直很内疚，内疚自己没能给孩子一个完好的脸蛋。

抱她出门，热心的亲朋好友夸完她那双漂亮的大眼睛，就会叹口气说，如果孩子脸上没有这块胎记就好了。孩子小时候不懂别人的评价，现在上幼儿园中班，知道爱美了，每次被别的小朋友问到胎记问题，她就回来问我："妈妈，为什么我脸上有胎记，别的小朋友没有？"

每次她问我，我都心如刀割。无数次想去给她治疗，又听很多朋友说胎记无法根除。而反复治疗的过程，等于是一次又一次在提醒孩子"胎记是一种病"。现在真的不知道怎样才能既不伤害孩子，又能让她无视别人的议论。

这位妈妈的心情，我特别理解——哪个妈妈不希望给予孩子最好的东西，让他的人生顺风顺水、远离伤害呢？但理想归理想，现实是现实，我们自己的人生尚且无法完全平顺，何况孩子的人生？就算我们一路披荆斩棘，为孩子铺平我们认为最好的路，说不定孩子也会来一句：这并不是我想要的啊！

所以，身为父母，我们能给予孩子最好的爱，就是用平常心对待孩子自身一些不同于其他人的特点，让他们的内心更强大，才能免受别人评价带来的伤害。

让孩子接纳自己的不完美

很多父母，面对先天不足或者他们自认为“有缺陷”的孩子，采取的方式不是视而不见，而是处处“特殊照顾”。

前些天，陪老家亲戚去看病，遇到一对母女，在皮肤科门外排号。女儿十五六岁，等叫号时很不耐烦，吵吵着不进去，说自己没病。终于叫到她们的号，女孩不肯进诊室，起身要走，母亲恼羞成怒，一把拽住女儿，撸起她的袖子，训斥起来：“要不是为你好，我愿意来这地方吗？看你这胳膊成什么样子了？你自己看看！”

我这才注意到，女孩手臂上长了一大片类似癣的东西。周围很多等叫号的人，目光也都集中在女孩的胳膊上。女孩一下子急了，尖叫着：“你凭什么这么说我？我就是没病！要看你自己去看！”然后挣脱妈妈的手，哭着冲出了候诊大厅……

孩子有病当然要治，却不该是父母一厢情愿地治。过去人们常说“爱之深，责之切”，可就算是以爱为名的责备，也是会带来伤害的啊。如果治病的过程，是让孩子在父母的责备中，一次次跌入自卑的谷底，那就算身体的病治好了，也难保不留下心病。

很多时候，给孩子带来伤害的，并不一定是别人的评判，反而恰恰是父母在面对孩子的与众不同时，流露出来的敏感、自卑，以及过分呵护。

也就是说，那些“缺陷”最终会不会伤害孩子的内心，很大程度上取决于父母对待孩子的态度。

有个妈妈，女儿患有白化病。在女儿的成长过程中，这位妈妈从来不把孩子当病人看待，该带着去公园就去公园，该带着去超市就去超市，该自己吃饭、自己穿衣就让孩子自己动手照顾自己。

因为孩子的确是有病，带着看医生自然少不了。在得知这种病几乎没有治愈的可能时，妈妈便把精力放在了如何构建孩子强大的内心上。

转眼孩子就到上幼儿园的年龄，跑了几家幼儿园，都被拒绝，当孩子觉得伤心难过时，妈妈的安抚是："被拒绝很正常啊，就像妈妈找工作面试一样，公司在选择妈妈，妈妈也在选择公司；同样的道理，只有学校看上咱们，咱们也看上学校时，你才能开开心心上学去呀！"

有次在电梯里遇到母女俩，旁边的小朋友童言无忌，盯着小姐姐问："阿姨，姐姐的头发怎么是白的啊？"气氛顿时有些尴尬，然而这位妈妈却一脸灿烂地回答："你的头发是黑的，小姐姐的头发是白的，你看阿姨的头发是酒红色的，每个人都可能有不同颜色的头发哦！"

那种落落大方的坦然，让我由衷钦佩。

可以想象，如果妈妈对别人的评价反应激烈，孩子是不是也会觉得是因为自己的不完美，才让妈妈生气难过呢？

对于孩子的不同寻常，父母唯有心平气和地接纳，孩子才能乐观地面对。想让孩子不在意别人的眼光，父母要先做到不介意别人的评价。

能伤害自己的只有自己。只要孩子明白这个道理，就没人能伤害到他。所以，如果孩子真的生理上有缺陷，首先当然要努力治疗，同时我们自己得卸下心理负担，让孩子能够平静接纳自身的缺陷。如果孩子只是身体某个部位有胎记、头发太黄太稀、牙齿不整齐、腿不太直等，努力改善的同时，增强孩子的自信即可。

当然，我们身为父母，不背后议论别人的身体缺陷，也是在给孩子做表率——接纳这世上不完美的存在，用平常心看待别人身体或心理上的不同，是一个人最好的品质之一。

认真做自己

丽兹·维拉斯奎兹，生来没有脂肪组织，一天要吃60顿小餐，体重只有20多千克，右眼发蓝且已经失明。被称为“骷髅女孩”的她，有太多理由感到痛苦，但她却乐观、自信，这让她独具魅力。

这是她父母告诉她的话：“丽兹，你唯一的不同就是你比其他孩子瘦小。这是一种疾病，但它并不能定义你是谁。到学校去，抬起头，微笑，继续做你自己，大家将会发现你和他们一样。”

我想为丽兹父母的这段话鼓掌，也为天下所有认真做自己的孩子鼓掌。

学会感恩，是提高孩子情商的第一课

感恩他人的馈赠

上个月，我托定居法国的朋友采购了一些东西邮寄到国内，有我自用的化妆品，也有喆同学的有机食品和润肤乳。

以往，这个朋友每次都给喆同学随包裹邮寄一个玩具作为礼物。这次她因为工作太忙，采购时忽略了，所以孩子拆包裹时，最后也没发现礼物的影子。

孩子由失望变成伤心，直到他把箱子里所有填充纸都拿出来，难过得简直要哭出来了："妈妈，阿姨不是每次都有礼物送我吗？这次怎么没有？"

看着他失望的样子，我的第一感觉是心疼——当妈妈的，都有类似想满足孩子一切希望的时候吧。但喆同学接下来的一句话，让我一下子清醒："阿姨真是讨厌！我不喜欢她了！"

我能理解一个孩子对礼物的期待，也能理解孩子因为愿望得不到满足而失望甚至哭泣，但我不希望他有这样的想法——别人送我东西是应该的，而不是充满感恩地感谢别人给自己带来的一切。

临近过年，电视里或亲朋好友聚会时，经常会说到红包的问题。而孩子因为已经连续3年收到红包，想起来时会直接问爷爷："爷爷，今年是不是也给我准备一个大红包啊，是不是太奶奶、姑奶奶、大爷爷、三爷爷都会给我红包呀？"

这样的问题，血缘至亲听到会觉得是孩子童言无忌，但是别人听到，可能就会觉得孩子不懂分寸，甚至缺了点儿家教。

因为对于别人的馈赠心安理得地享受，会让孩子变得自私。

所有获得都想着去回报

我是家里最小的孩子，有哥哥有姐姐。

读初中时，也曾有点儿恃宠而骄，觉得已经工作赚钱的姐姐给我买新衣服和新玩具理所应当。有次过年前，因为从爸妈那里没有得到一直想要的新衣服，我便一直缠着姐姐要。刚开始姐姐还委婉拒绝，后来看我没完没了地提要求，讲道理无效的情况下，她甩给我一句话："小妹，姐给你买是情分，不给你买是本分，这世界上没有谁欠你什么，想要什么最终都要靠自己。"

这句话，让我伤心了很久，因为我把拒绝和不爱画上了等号，甚至搬离姐姐家，住到了学生宿舍。

但随着年龄增长，我越来越理解姐姐当初给的闷头一棍：这世上真的没有谁欠谁的，所有获得都想着去回报，才能形成良好的情感循环；觉得谁都欠自己的、只想着得到而不愿意付出的人，终究会被身边的人慢慢疏远。

之前上班时，有个同事能说会道，开始大家挺喜欢他。但慢慢地感觉越来越不对劲儿，今天他说谁谁不借给他钱太坏了，明天又说自己去好朋友的城市出差，吃顿便饭对方都要AA太差劲，回头又说自己姐姐、姐夫一个月赚三四万，自己买房付首付时给了5万块钱都要求还，简直太没有人情味了……

总之在他眼里，这世界上所有人都欠他的、都对不起他。但细细想来，只不过是对方没有按他利己的预期做事而已：人家不借钱，或许是当时有难处，自己还周转不开，自然没力量帮别人；吃饭AA在很多人看来不近人情，但这的的确确是保持感情的好途径之一，因为聚餐每个人平摊费用，少了日后的很多矛盾；姐姐、姐夫赚钱再多，那也是人家劳动所得，钱没说赠予，自然是要返还的。

“一斗米养恩人，一石米养仇人”，在一定程度上，这句话是很有道理的。

这个同事是家里唯一的男孩，家里有什么好东西都先紧着他，养成了他以自为我中心的习惯，也让他变得自私。在这样的环境中长大的孩子，不懂感恩，让人厌弃，因为只会挑别人的毛病，而不懂得通过努力去获得自己想要的东西。

如何培养孩子心怀感恩

如果孩子还小，那么爸爸妈妈可以在生活中注意对送礼物的人真心诚意说“谢谢”，必要时让孩子送小礼物回馈，培养孩子心怀感恩。

◆如果孩子已经有随意接受别人礼物的习惯

先引导孩子“以物换物”。得到小朋友的礼物，也拿自己的东西去回应别人的好意；对别人的东西感兴趣，可以试着拿自己的东西去交换。慢慢让孩子明白：任何得到都需要付出成本和代价。

◆对于长辈不计回报的赠予表示感谢

亲手得到别人的礼物，诚心诚意说“谢谢”，有合适的机会，带着礼物去探望长辈；若收到礼物时孩子不在跟前，给孩子东西时明确告诉他这是谁送的礼物，并打电话或者微信语音表示感谢——养成对别人的馈赠进行情感响应的举动，能大大提高孩子的情商。

◆区分家人和外人的界限

爸爸妈妈、爷爷奶奶、姥姥姥爷都是血缘至亲，有话可以直说，甚至在脏话敏感期，想体验语言的力量，也未尝不可；同时，当孩子说出“让你撞车”“把你推下楼去”“讨厌”等词，一定要告诉他这种话不好听，没有人喜欢听，跟家人说可以原谅你一次，但在其他人面前一定不要说。

写这篇文章前，我去好友家取东西，给好友的孩子带去了小甜品。好友接过礼物交给孩子，同时告诉他：“这是喆喆妈妈送给你的，咱们应该怎么做呀？”

孩子很快做出反应：“我要谢谢喆喆妈妈，太喜欢这个蛋糕了！”

好友继续引导：“那咱们下次去看喆喆弟弟，应该怎么做呢？”

孩子仔细想了想，跑回自己的房间，先对比了两套绘本，接着又搬出一堆小火车，选了一个说：“我把这个‘高登’给喆喆弟弟玩吧，喆喆弟弟最喜欢‘高登’了。行吗，妈妈？”

“当然可以，咱们也可以买一些喆喆弟弟喜欢的水果，你送一份，妈妈送一份……”

这样懂得回馈的孩子，无论小时候还是长大以后，都会拥有好人缘吧！

用鼓励打造孩子的成长型思维

培养孩子的挫折商

刚上幼儿园时，老师说到喆同学的一个行为——上涂色课，老师夸别的小朋友画得好，喆同学往往会问："老师，那我画得好吗？"

老师发打预防针的通知，喆同学之前打过，就没再给他发。看着大部分同学都有通知而他没有，喆同学情绪低落，还闹小情绪。放学的时候看到我就说："我不高兴。"

这个情绪特别外露的小孩儿，内心想什么，都明明白白写在脸上、挂在嘴边。我跟他解释半天为什么别人会发通知而他没有，他的坏情绪还是持续了将近一个小时。

有一次，三个孩子一起到动物园去玩。我只带了两个奶酪，喆同学和一个小伙伴各吃了一个，另一个小伙伴得到的是酸奶——和别人得到的东西不一样，于是就不开心。

孩子们之所以因不被夸奖而失落，因自己没得到或者得到的东西不一样而伤心，隐藏的心理多半是：觉得自己不被重视，不被接纳。

这种感知，偶尔几次对心理伤害不大，但如果太过频繁，将会使孩子变得敏感、多疑、不自信，甚至自暴自弃。

造成这种感知的原因，有以下3个方面：

- 小孩子的天性使然，有情绪会直接表达出来；

- 在家里被过度关注，90%以上的需求都会得到满足；
- 家里有好东西，只给孩子，让孩子觉得“所有好东西都应该是我的”；
- 过度表扬，却很少鼓励。

当孩子表现出类似情绪，我们最好注意培养孩子的挫折商和成长型思维。

挫折商是指一个人化解并超越挫折的能力。

成长型思维是指当遇到困难，不是发火、沮丧、放弃，而是运用一切资源，积极分析错误，不断尝试解决问题的新方式。（与之对应的固定型思维则是遇到困难，选择退缩、自我放弃。）

一个孩子的挫折商越低，离成长型思维往往越远；而孩子不愿意直面失败，根本原因一是受到表扬太多、鼓励太少，二是家长的目的导向太明确，而忽略了让孩子享受做事过程的引导。

如果孩子是因为被过度关注，而产生“不顺着我，就生气、发脾气、哭闹、撒泼”的行为，妈妈及家人要注意避免溺爱——不溺爱不是发火、吼叫、威胁，而是尽量心平气和地对孩子说“不”。

比如有次接喆同学放学，他非要买球，我跟他解释没有提前约定不能买，而且家里已经有四五个球了。但他只关注眼前、当下，一直执拗地蹲在那里问卖东西的阿姨：“我能摸摸吗？”阿姨倒也和善，说可以。我就一直陪他蹲在那里摸球，幼儿园小朋友都走光了，我再问他：“咱们走吗？还是你说个时间，5分钟或者10分钟后咱们再走？”喆同学一看哭闹真的无效，便只好跟着我离开了。

不要让孩子在家里享有特权

如果是因为孩子在家里享有特权，但在学校常常因为别人得到奖励或夸赞而失落呢？

这一点，很多家庭都做得不太好，比如，有的家庭，孩子由老人和爸爸妈妈一起带，爸爸妈妈严厉时，老人站出来保护；爸爸妈妈想把好东西分给大家一起吃时，老人经常舍不得，甚至说："好东西都是宝宝的。"久而久之，孩子在爷爷奶奶或姥姥姥爷的溺爱下，认为自己理应得到更多：我的是我的，别人有的我更要有。

可是当进入幼儿园，老师会对所有孩子一视同仁，孩子表现优秀，就鼓励、夸奖；孩子表现糟糕，就批评、教育。在家里众星捧月，到学校不被关注是常事，这会造成孩子心理上较大的落差。

| 鼓励的作用大过表扬

回想一下，在学习上，什么时候我们的父母最开心？

我爸比较开明，不太关心我的分数，但妈妈对我的分数极其敏感，名次下降、没考双百，她都会生气地说："就考这么点儿分，你对得起我这么辛苦供你上学吗？""你看看人家×××，家里也没当老师的，数学不也考100！你不懂怎么不问你爸？"

成绩好，大人高兴，孩子因为大人高兴而开心。但正确的因果关系，应该是孩子学得高兴，父母才开心——受社会大环境的影响，我们把得与失、成与败、好与坏的结果看得太重了。

喆同学2岁左右时，朋友来我家玩，我正和他玩扑克牌。我"输"了，假装哭，潜意识里，我觉得输是不光彩、不好的结果。朋友看到我的表演，抱起喆同学，像说给他听又像说给我听："输了也没关系是不是？反正我们可以重来，说不定下次就赢了呢！我们喆喆才不哭呢！"

我开始反思自己平日的引导方式以及表扬和鼓励之间的区别；而喆同学记住了一句话：输赢都没有关系。

搭积木，喆同学搭得好，我会说“这次比上次搭得更高”，而不再像以前那样说“宝贝你好棒啊，搭这么高”；他因搭不好而发脾气，我会说“你看这次已经多搭了一个门，咱们想想怎样可以搭得更高吧”，而不是说“没关系，宝贝不急啊”。

涂色，因为精细动作能力发育晚，别的小朋友能涂在圆圈里面而喆同学老涂出边缘时，他会想着放弃：“妈妈替我涂，我不会。”以前我会说：“我相信宝贝一定可以！”现在我会说：“咱们先试着只涂中间，是不是就不会画出来了？”当他涂中心部分有了准头时，再引导他向外扩展，一点点帮他重建自信。

投篮，以前每次喆同学进篮，我都会说：“哇，真棒啊，又投进去一个。”现在我会说：“又进步了，上次投5次进1个球，这次只投3次就进球了。”

以前喆同学每次试穿新衣服，我都会夸“真好看”，而他也习惯问我是不是好看，如果我说“不好看”，他会情绪低落。而现在，我会先问：“你觉得好看吗？衣服是喆喆的，喆喆觉得好看就好看；就像你觉得妈妈的衣服不好看，而妈妈自己觉得好看一样。”

简单地说，表扬更多倾向于对结果的肯定，而鼓励，则更多是对孩子努力和进步的肯定，更能让他们享受事情的过程，更能激发他们内在的潜能，培养他们自我肯定、自我激励的能力，慢慢让他们形成成长型思维，形成更乐观、积极、向上的好性格、高逆商。

这条路，可以让孩子通往高贵

努力就可能实现愿望

选房子时，因为孩子比较小，我更愿意选择有儿童游乐区的小区，有滑梯、跷跷板等设施，万一不能带孩子出去玩，小区里也能撒撒欢儿。所以，每次房地产经纪人带我看完房，我都会在小区里溜达一圈，待的时间最长的就是游乐区，一是可以和小区的人聊聊天，了解了解物业、小区安全等情况；二是感觉一下小区的整体氛围。

游乐区除了本小区居民，也有其他地方的居民带着孩子过来玩。有一次，遇到一个奶奶带着小孙女玩滑梯，那个小姑娘看起来三四岁的样子，见别的小朋友从有门禁的单元门里出来，很向往地说："奶奶、奶奶，我也想住刷卡、有大花园、能玩沙子、钻洞洞的房子！"

奶奶听到这话，不假思索开启"唐僧模式"："哎呀我的祖宗，这房子哪是咱们住得起的，就你爸你妈那点儿工资，一辈子不吃不喝也买不起北京的一套房子啊，能供你上幼儿园已经不错了……"

小女孩很失望，已经有自尊心的她看了看四周，眼圈红了，撇撇嘴想哭，但没哭出来。她在滑梯上待了大概几十秒，滑下来后跟奶奶说："咱们走吧。"

那一瞬间，我很心疼那个小姑娘，天真无邪的她，怀揣美好的梦想，希望自己也成为住在新房子里的小公主，却被奶奶当头棒喝，生生切断了向往。我多希望奶奶说出口的是："行，回去跟爸爸妈妈说让他们努力工作，咱们争取早些住进这样的好房子里。”如此，既呵护了孩子的美好，又在她心里播下了努力就有可能实现愿望的种子。

生活中最常听见的、让孩子无比沮丧的话，就是这些吧——

我们哪儿买得起；我们哪儿吃得起；我们怎么能和他们家比呢；你就不应该想要这东西，知道这要花掉你爸你妈多少工资吗……

这些话似一把把利剑，让孩子不敢提出自己的要求，扼杀了孩子对未来的期待，将他们禁锢于眼前的一粥一饭。

美好不一定和钱相关

有人或许会说，美好是用钱堆起来的，没有钱，谈什么美好？

其实，美好还真不一定和钱相关。

一次，过年前置办年货，超市里的车厘子，普通的也要七八十块钱一斤，对于一般收入的家庭来说是比较奢侈的水果。我们一家三口经过摆放车厘子的货架时，一个小男孩正腻在那里不走，他不哭不闹，只是对着旁边的父母重复：“爸爸妈妈，我还从来没吃过这种水果呢。”

夫妻俩对视一眼，有点儿为难。但犹豫了片刻，爸爸深呼吸一下说：“没吃过咱就买两斤尝尝，爸爸申请初二值一天班，就能买五六斤了呢！”

转过头，爸爸就把一包称好的牛肉放回柜台，妈妈小声嘀咕：“那可是你最喜欢的酱牛肉！”爸爸的回答很是让我触动：“我少吃一口没事儿，也不是没吃过。孩子得多见识见识，他吃过了可能觉得也就是那么回事儿，也可能觉得好吃，但咱不能断了他想尝尝的念头，是不是？”

这位爸爸口中“想尝尝的念头”，就是孩子对一种事物或者一种生活的向往，这种向往很大程度上是让生活更美好的原动力。

上中学时，姐姐家邻居将房子租给了一个独自带孩子的妈妈，她的老公不知道什么原因坐牢了，这个妈妈一个人带着两个孩子在县城读书，老大读二年级，老二读学前班，没有老人帮忙，里里外外都是妈妈一个人打理。

且不说老公坐牢这件事，单说一个女人照顾两个孩子，每天就累得不行。但她脸上每天都挂着灿烂的笑容，每周末都带着两个孩子去下一顿馆子。两个孩子的性格也很好，有人心存恶意逗他们，问他们为什么爸爸整天不在家，孩子们异口同声地回答："我爸爸去南方赚钱了！"

两年后女人的老公回家了，全家一起搬往南方。临走他们跟姐姐道别，一是谢谢这几年姐姐对他们一家的照顾，二是问问姐姐需不需要他们家的一些家具。姐姐问这位妈妈为什么要背井离乡，她笑笑说："孩子还小，不能让他们太早因为大人的事受欺负，我家老大一直说长大当警察，万一谁说点儿啥不好听的，孩子心里多难受？"

虽然后来姐姐一直没和他们联系，但有这样一位把一手烂牌也能打出花来的好妈妈，他们全家的日子保准不会差。

| 你值得拥有美好

小时候，对于美好的东西，我生活的那个小村庄是排斥的，起码表面上是排斥的。谁家女儿烫烫头发、穿穿高跟鞋，就会被人指指点点说"洋性"，这是个贬义词，意思是臭美。过分些的还会道德绑架，嘀咕说人家的爸妈还穿打补丁的衣服呢，小辈倒先"作"起来。

从小到大，我接受的都是女孩子爱美一定会影响学习的思想，所以大学毕业我才开始留长发。受影响的不止这一点，最可怕的是很长一段时间我都觉得自己"不应该、不配拥有美好的事物"：衣服只看打折的，长时间不知道自己适合什么风格；吃的只要能果腹就行，餐厅的环境无关紧要；家里的东西只追求有用，用坏了才扔……

我这种“不配拥有美好”的心态，在接触了几位讲究生活质量的朋友后才慢慢转变。后来有了喆同学，更是想在力所能及的范围内，把美好事物都给他。

一位朋友工作十几年，基本上都在不断折腾，问她为什么很少停下脚步，她的回答是这样的：“我们都是普通家庭走出来的普通人，成为奋斗的一代是我们的宿命。经历了物质贫乏时代的我们，至少要努力给孩子一个相对好的生存环境，让他们在基本的吃穿满足之后，有能力看更多美好的东西。”

见识在很大程度上决定着一个人的格局，经历越多，孩子就会越淡定、豁达。孩子每天的经历，都将组合成他们的人生；而身为父母，我们又在很大程度上决定着他们的经历。

所以，当孩子对从未体验过的事物表示出强烈的兴趣，即使我们此时此刻无法满足他们的需求，也一定要小心呵护他们神往的心灵，正是那些或小或大的愿望，无意间拓宽了孩子的生命宽度……不然，就像因为《中国诗词大会》火遍朋友圈的董卿，说起“不能照镜子、不能穿漂亮衣服”的童年，即使最终收到了爸爸的道歉，内心依然遗憾无比。

孩子学会坦然看待输赢，才会内心强大

北京时间2016年8月7日，仅差0.13秒，孙杨在里约奥运会男子400米自由泳比赛中不敌澳大利亚新星霍顿，夺得一枚银牌。赛后，孙杨是“荣获”银牌还是“憾失”金牌，引发了网民的大讨论。

关于“输”和“赢”的讨论，网上的文章已经说得很多。作为妈妈，如何引导孩子顺利度过人生的一个个竞技路口才最重要。

输赢都没关系，再来一次就好

喆同学开始和我玩扑克牌时，我赢了之后总是很开心地说：“哎呀，我赢喽！我赢喽！”输了就捂上脸装哭。爸爸带着他在iPad上玩“斗地主”，输了系统也会出现哭泣的画面。

渐渐地，小朋友知道了赢的概念，也认定输是件不好的事。

有次朋友来我家，赶上我和喆同学拿扑克牌比大小。朋友问我：“孩子为什么如此在意‘赢’这件事？”

那是我第一次开始反思家庭教育的重要性。

作为妈妈，因为职场升迁不利，就把情绪延伸到家庭，并把失败原因归结于对手的不正当竞争；

作为爸爸，看一场球赛，自己喜欢的球队输了就各种不忿；

作为家长，整天念叨谁家孩子又考了双百，根本不考虑自己家孩子这次考试比起以往的进步……

如此，孩子如何能坦然面对失败？如何建立正确的人生观和价值观？如何心智成熟地看待他人的优点并加以学习？

之后，再和喆同学玩竞技游戏，输赢我都微笑面对。刚开始，他会问："妈妈，你输了为什么不哭啊？"我回答："输赢都没关系啊。输了我就观察一下你怎么赢的，下次可能就赢过你喽！"

慢慢地，喆同学和别的小朋友一起玩，输掉比赛时，也摇头晃脑地说："输赢都没关系呀，我看看你怎么赢的！"

他才3岁，或许并不能正确理解这话的含义，也不懂得如何观察别人赢的技巧，但坦然面对的观念会慢慢根植于他的内心。

最脆弱的时候，父亲给我一个宽厚的肩膀

我高考时，需要电话查询分数。当时整个村只有两部电话，一部在村里的最西头，一部在位于村子中间的小卖部。大姐查完分数，从县城打电话给小卖部，小卖部的人先挂断，再叫我爸过去等我姐重新打过来。

接完电话，爸爸回家语气轻松地说："考得还不错，肯定能考上大学！"

可听完分数，我就知道自己考得很差。当时心里很堵，要窒息的样子，当着父母的面又不愿意哭出来，只能回自己房间，胡乱翻小说，以转移注意力。

过了一会儿我上厕所，发现爸爸妈妈已经外出，家里的大门也被他们反锁。那一刻我突然失控，号啕大哭……被压抑的委屈倾泻而出，自我否定的情绪渲染到极点，而后心情慢慢放松。

晚上，妈妈先回来，反常地保持沉默。爸爸回家后，叫我吃饭时轻轻摸了摸我的后脑勺。

第二天一早，他们俩又外出。但爸爸在茶几上留了一张纸条，上面写着：爸爸知道你熬过多少夜，做过多少题；人生长跑才刚刚开始，只要尽了自己最

大努力就好!

至今，我依然感激爸爸给我的那些独处空间，在我最脆弱时接纳我的失败，允许我用痛哭来释放心里的难过和压抑，用一个父亲的坚强给我支撑。

许多年后，我才听姐姐说，得知我的分数后，爸爸在小卖部门口抽了半盒烟才回家告诉我消息。我不知道那半盒烟的时间，他都想了什么，也不知道他如何说服要强的母亲，不让她给我一丝责备。但他最终用无比坚强的姿态，做出了一个父亲最伟大的样子。

| 这才是竞争最美的样子

职场上，最常见的情况是这样：同一起跑线的两个人，一人升职，往往意味着友情画上了句号。友情的小船被打翻，最常见的原因就是觉得对方升职对自己不公平，甚至觉得自己的能力远高于升职者，连带着对更高层领导也有了看法。

一位朋友说得好："成年人太自负，多半源于对自己能力的判断失衡。比如很多时候，自己觉得这事一定能成，在进展过程中发现自己能力不够，又不愿意承认能力不够的现实，之后就开始失望、自我攻击，嫉妒别人甚至诅咒别人。"

这种极端的心理认知和我们一直宣扬的成功论不无关系。

美国著名心理学家艾瑞克·伯恩依据对自己和对他人所采取的基本生活态度，把人际交往分成4种：第一种，我不好—你好，我不行—你行；第二种，我好—你不好，我行—你不行；第三种，我不好—你也不好，我不行—你也不行；第四种，我好—你也好，我行—你也行。

前几种模式很容易引起当事人心理上的挫折感，而第四种，是一种乐观积极的处事态度。我们应该在生活中随时随地引导孩子坦然面对失败，并真心祝贺他人的胜利与成功——坦然面对，有助于孩子自省；真心祝贺，不仅能获得良好的人际关系，更能让孩子从优秀的人身上学习自己不具备的品质。

试想一下，如果我们特别看重分数，孩子考砸了本来就心情糟糕，等他回家，我们再把他臭骂一顿，孩子内心得有多无助？那一刻，他会不会觉得：最依赖的妈妈都厌弃自己了，学习还有什么意义？

2008年，北京奥运会上，刘翔因伤退赛，留给人们一个离去的背影，也给自己留下无数谩骂；2016年，里约奥运会上，孙杨无缘首金，媒体、网络有了更多理解的声音。这样的变化让我们欣慰：从此，竞技体育在中国有了更人性化的解读，运动员也不必再被金牌所“绑架”。

竞技场上的冠军也好，考试成绩的第一名也罢，光环仅仅是一瞬间的事，人生的意义并不在一块金牌或者一个第一名。处乱不惊、虽败犹荣、笑对落寞的淡定心态，足以给孩子安稳、幸福的一生。

教孩子学会感恩，父母的身教才是捷径

在朋友圈看到一篇文章，讲的是关于孩子感恩的话题。大意是说如果父母家人一味溺爱孩子，孩子就会不懂得回报和感恩，走上社会也可能无法无天。

不可否认，父母溺爱、毫无原则地对待孩子，严重影响孩子的性格塑造。现实中，想让孩子懂得回馈，最关键的是家庭成员之间，要让爱流动起来。我曾遇见一位老大哥，他的做法是我见过的关于感恩的最美坚持。

这位大哥姓陈，是夏天时我回老家小住，在火车上遇到的。陈大哥40岁出头，和我是老乡，从北京到老家，同样只需要3个多小时的车程。这么短的车程，我的行李是一个小小的登机箱，而陈大哥的行李，是两个“巨无霸”的行李箱，那么大的箱子，通常我出国旅行时才用得到。聊到为什么回家，陈大哥的理由是：“回去过个生日。”

“给老人过生日吧？”这是我理所当然的想法。能在工作日请假回家给父亲或母亲过个生日，对于生活在都市的人已属奢侈，得是很孝顺的人才能做到的。

陈大哥答：“是我过生日，明天是我农历生日。”

原来，每年他都过两次生日：一次阳历生日，在北京和妻子以及6岁的儿子一起过；一次农历生日，回老家和父母一起过，并且从17年前大学毕业开始，风雨无阻，农历生日那天一定陪在母亲身边。

有一年，农历生日前一天他还在广州布展。身为项目负责人，他原本不可能走开，但和老板说了原因后，老板给他特批了两天假。因为还背负着房贷和车贷，他平日都买特价机票，但那次他咬牙买了全价机票从广州飞济南，并且在机场给母亲买了一瓶护手霜，又从济南乘大巴回家乡小城。到家时已是深夜，他说：“妈，我回来看您了。”母亲看着风尘仆仆的儿子，竟然哭了。那是从陈大哥有记忆起，母亲第一次当着他的面哭。

“儿的生日，母亲的受难日”，这句话差不多每个人都会说，但能在母亲受难日这一天，坚持17年回去看母亲的，能有几人？

陈大哥说，只要人在北京，每次计划回老家，总是提前好多天就搜罗各种母亲没吃过的小吃和母亲可能感兴趣的小玩意儿。说这些时，他指着两个大箱子笑：“看，这些都是给我老母亲买的衣服、床品和食品，孩子上了幼儿园她就回老家了，一直不肯过来和我们同住，我只能用这种方式宠宠她了。”

听到一个男人，把对母亲的爱和感恩说成是“宠”，我竟然没出息地红了眼圈。想像一下，如果喆同学40岁时，能如陈大哥对自己母亲这般对待我，我将是怎样满怀欣喜又泪流满面？

几乎每个母亲，在我们询问她需要什么东西时，都口口声声说“人回来就好，别乱花钱”，但打开箱子看到那么多新奇玩意儿，脸上孩子般开心的笑容骗不了人——在母亲眼里，那是满满的心意啊！

这个坚持，陈大哥说是他们家的传统。他父亲在世时，每年自己生日那天会带全家去老人家里过。如今，陈大哥自己的儿子才6岁，已经有样学样：自己过生日，他会用零花钱给妈妈买一杯妈妈最爱的哈根达斯冰激凌，或者画一幅画送给妈妈。

他们两口子虽然从来没告诉儿子，妈妈为了生他受了多少罪，但一提到妈妈肚子上的伤口，儿子都会红了眼圈：“我划破手都很疼，妈妈生我划那么大口子，得多疼啊！”

感恩这种事，从来不是爸爸妈妈叨叨几句“我为了带你累死累活、舍不得吃舍不得穿”就能让孩子懂得你的辛苦，爱的流动，才是孩子感知爱、领会爱、付出爱的源泉。

即使现在医疗条件发达，但生产时的意外还时有发生。没有哪个女人，不是冒着生命危险才最终升级为母亲；没有哪个父亲，在面对那个粉嘟嘟的小婴儿时，心里没有升腾起身为父亲的感动与责任。

对疼惜着的小人儿，我们不再有“养儿防老”的想法，但总会期待如果有一天我们老了，他们会偶尔来看看我们，温暖我们孤独的沧桑。而这份对于感恩的期盼，身教的力量，永远比言传更有力、更持久。

别用小聪明毁了孩子的大格局

斤斤计较的家庭走不出胸怀博大的孩子

一次，坐公交车时，遇到一对夫妇带着一个小男孩乘车，他们没有北京的公交卡，看起来像是趁孩子放暑假来北京旅游的。买票时，妈妈只买了两个大人的票。售票员说孩子看着个头不小，应该超过1.3米了，也需要买票。妈妈不乐意了，说："我们家孩子才6岁，谁家孩子这么点儿就买票啊！"

坚持原则的售票员，让妈妈带着孩子去量身高，果真超过了免票规定。妈妈极不情愿地给孩子买了票。往后排座位处走动时，妈妈开始小声叨叨："跟你说过多少次了，上车时弓着点儿腰，非充大个儿，这下白花钱了吧，你说你傻不傻啊……"

孩子一脸不解，他一定不清楚，平日里给自己带来无数夸赞的身高，怎么乘车时就变得"十恶不赦"了呢？

我多想告诉孩子：长得高不是你的错，错的是你妈妈那颗占便宜没够的心！

俞敏洪说，斤斤计较的家庭走不出胸怀博大的孩子。经过日积月累，这位妈妈表面上省了几十或几百块的门票、车票钱，却在孩子心中种下"投机取巧""不守规矩"的种子；当着全公交车人的面，她不仅严重挫伤了孩子的自尊，也极可能造就一个爱占便宜的孩子。

谎言是个永远填不满的黑洞

朋友带孩子去幼儿园面试，遇到一个同来面试的小姑娘。当时小姑娘的姥姥在陪着她玩玩具，面试老师一边和小朋友们闲聊，一边就把年龄、姓名、对颜色和形状的认知等问题考察完毕。最后，老师问朋友："让孩子上过入园缓适班吗？"朋友如实回答："上了3个月。"老师又问这个小姑娘同样的问题，没等她回答，姥姥抢先一步："我们家孩子什么都没上过，但在家里小姨会教她英语。"说完，开始指着桌子上的积木，让孩子用英语说颜色和形状，小女孩很乖巧地配合。

朋友一直觉得那个小姑娘有点儿面熟，后来某天她接孩子放学，竟然遇到那个小姑娘，她和自己的女儿在同一个早教中心上全天缓适班!

朋友跟我描述这件事时，我为小姑娘感到悲哀。姥姥撒谎说自己家孩子没有上过任何缓适班，或许想显示家庭教育的成功，或许想证明自己家孩子天生懂事有规矩。孩子乖巧，在竞争激烈的入园面试中，确实能争取到更大的机会。但大人当着孩子的面撒谎，带来的负面影响却被忽略了。

大人说些无伤大雅的客套话，大家都能接受。但孩子是一张白纸，父母家人展示什么画面，孩子就在自己的世界构建什么画面，他们没有太强的分辨能力，不明白大人撒谎的原因，但会觉得撒谎行为是正确的、被允许的。

当孩子习惯撒谎这个工具，或许会因为小聪明、小钻营、小心眼而得到一些东西，但同时也会因为不诚信而失掉大格局——谎言是个永远填不满的黑洞，一句谎言可能需要10句、20句甚至上百句谎言来圆它；而谎言一旦被识破，失掉的就是100%的信任。

格局造就人生

格局，是一个人精神上的基本架构，它昭示着一个人的胸襟气度，也是一个人内在精神的直接反映。

有大格局的人拥有开阔的胸怀：你比我强，我会分析你为什么强，然后去学习，而不是嗤之以鼻，认为“这有什么了不起的，不过运气好罢了”。

有大格局的人不斤斤计较于眼前的蝇头小利或一时的得失，而将眼光放在三年、五年甚至十年后。

有大格局的人愿意和别人资源共享，这种利他行为，会帮他将人脉拓展得越来越宽广。

有大格局的人分得清主次，永远清楚自己的内心所需，并做出最正确的取舍。

那些有大格局的人，总把自己经营得很好，走到哪里，都是发光体。“洪荒少女”傅园慧，如此被大家喜爱，追根究底，大家是爱上了她宠辱不惊、笑对一切的豁达格局。

去公园散步，经常看到老人带着孩子，肆无忌惮地把免费厕纸拿回家去用；去宜家，免费续杯的饮料，经常看到一家三口合用一个杯子，美其名曰不喝白不喝——省了仨瓜俩枣，却失了一整片森林。

去饭店吃饭，总有人因为上菜太慢指着服务员破口大骂，他们爽了口舌，表面上占了上风，却失了风度与包容。

和朋友聚餐，一到付账就假装接电话或上卫生间的“机灵鬼”，朋友注定越来越少，也将自己的人生层次钉在了“斤斤计较，难成大器”的十字架上。

公共场所，自己家孩子打了别人觉得无所谓，自己家孩子被打却不依不饶的家长，总有一天会为这种利己主义付出代价……

俗话说：“心眼小的人，天地大不了。”

格局大小，和金钱、地位没有必然联系，一个小地方出来的人，如果引导得当，拥有很强的融人能力及学习能力，遇到适合的土壤，就会飞速成长；而生活在大城市的孩子，如果故步自封，一样蜷缩在自我的世界。有什么样的人生格局就会造就什么样的人生，所以，千万不要因为一些小聪明，毁了孩子的大格局。

教养，就是让孩子学会替别人着想

所谓教养，不是食不言、寝不语，因为你无法控制孩子小脑瓜里蹦出来的念头，也无法控制大脑尚未发育完全的孩子的举动，而是随时随地把教养的种子埋在他们心里。

丨关门时看看后面有没有人

前不久去郊游，我从好友A的弟媳妇L和她的儿子雷欧身上，学会了如何培养喆同学的教养。雷欧是一个可爱的4岁中法混血男宝宝，活泼好动，运动细胞超发达，是同行3个宝宝中最受欢迎的一个。

我们到达郊区度假村时，正好是午饭时间，接待中心人来人往。雷欧比其他两个孩子大一些，直接冲在最前面推门。喆同学和好友家2岁半的女儿紧跟着冲了过去，就在我心里咯噔一下，担心玻璃门把两个小点儿的孩子碰倒时，意料之外的事情发生了——

雷欧并没有和其他孩子一样直接撒手，任由门快速关上。他推开门自己先进去，然后回头看看，发现弟弟妹妹跟了过来，便站在那里等他俩通过，再慢慢把门关上。

后来我们吃饭回来，后面有个坐轮椅的人，L一边帮忙推开门，一边用英语告诉雷欧："上午你帮弟弟妹妹开门做得很好，如果你回头时发现陌生人需要帮助，也和妈妈一样做好吗？"雷欧懂事地点了点头。

公共场所的东西看过之后放回原处

整理完东西，L发现自己和雷欧的毛巾忘记带了，便叫上我们一起去采购。购物中心在二层，我和A各自领着孩子并排站在滚梯上，电梯横向被占满。

L站在我们前面，好动的雷欧想跑着上去，被妈妈制止，同时还告诉他：“乘电梯不能奔跑打闹，乘坐时要靠右边站，方便有急事的人从左侧通过。”听完妈妈的话，雷欧虽然还是不太老实，但明显安静了许多。

我和A对视了一眼，有些不好意思，赶紧把孩子放在了自己前面的台阶上。选购东西时，雷欧和喆同学一样，好奇心满满，拿拿这个，看看那个。只要不是太出格，我都不会制止。就像之前带喆同学逛超市，有时走出很远，才发现他手里抓着个什么东西，为图方便我会顺手把东西放在某个购物筐内。但L一旦发现雷欧把玩过的东西未放回原处，就会严厉地要求他把东西放回去。

对此，L的解释是“把东西放回原处，尊重了别人，也尊重了自己，这和借东西按期归还一样，是做人的根本”。这么简单的道理，有多少人真正明白并做到？

吃饭太闹，带离现场

吃饭前，等上菜的时间，我们三家都把零食拿了出来。雷欧不等爸爸妈妈说话，先把东西分成一式三份，分给弟弟妹妹。

L说：“每次集体出游，我都会提前告知他有几个小朋友一起，让他自己准备分给大家的小礼物，有时候他还会把男孩子和女孩子的礼物也区分开来。”

我这才注意到，雷欧给喆同学的是蓝色包装的饼干，给A家女儿的是红色包装的，留给自己的是绿色包装的。这种潜移默化的情商培养，才造就了法兰西小伙子绅士般的体贴吧！

看到这里，你以为雷欧是天使了吧？No！No！No！小孩子总有恶魔的一面。

雷欧看到饭桌上没有刀叉，而他用筷子并不顺手，便开始发脾气，把筷子扔在了桌子底下大声叫：“我不要吃中餐！我要吃牛排！”

如果是喆同学发生类似的情况，我的做法多半是：要求他把筷子捡起来，然后教育他这样做不对。但L什么都没说，直接把雷欧抱离餐桌，去了儿童游乐区，等他情绪稳定了再抱回来。

我问L原因，她说：“当孩子脾气上来时，家长当众教育并不是最好的选择，别人没义务听你声色俱厉地批评孩子。孩子也有自尊心，道理也得等他情绪平复时再讲。”

我这个自觉对教育孩子颇有心得的人听到这些，都有些汗颜了。商场也好，饭馆也罢，在所有的公共场所，我们都会看到中国家长在毫无顾忌地教育孩子。那样的场景，没人喜欢，但我们往往做着自己都不喜欢的事。

不随手乱扔垃圾

我们去水库边上时，除了必备的食物和水，L还带了好几个塑料袋。吃饭过程中，她不断把我们拆开的包装袋整理到塑料袋里。我跟她说最后一起收拾就行了，她笑笑，指着水库边上漂着的垃圾说：“这些可能都是风吹下去的，如果边吃边整理垃圾，这种情况就不会发生了。”她说这话时，雷欧正好把自己吃的火腿肠包装袋扔到了妈妈撑开的塑料袋中。喆同学就没有这种意识——爸爸妈妈都没做到的事，孩子怎么可能意识到呢？

从那天开始，我出门时都带两个备用塑料袋，把不方便扔的垃圾收集在一起，遇到垃圾箱再一起倒掉。如果每个人都能做到这一点，每次重大活动完毕，现场垃圾成堆的现象，就会消失得无影无踪。

我们离开宾馆时，L不仅和大厅的值班人员说再见，还和门口的保安说再见。

雷欧也学着妈妈，很绅士地和大家说再见。

随时随地的教养

回家后，我开始反思有哪些教养，可以随时随地注意。

比如，红灯停，绿灯行；乘坐公共交通工具，先下后上；带小一点儿的宝宝外出穿上纸尿裤，起码外出时，别再给孩子穿开裆裤；接到骚扰电话，别再口出脏话；别随便打断别人的谈话……

只要用心，教养并非遥不可及。当我们慢慢成为有教养的父母，孩子也自然会成为有教养、高情商的孩子。为人父母，原本就是一场修行。我们更要感谢孩子，让我们去学习、进步。

让孩子学会承担责任

很多朋友问我，如何才能做到不对孩子发脾气。其实，完全不发脾气基本上不可能，但是少发脾气，是绝对可以做到的。那我是如何与喆同学和平共处的呢?

每天我都要写微信公众号文章、看绘本、看书，遇上喆爸值班，我只能边带孩子边工作。一边和精力超旺盛、超级好动的孩子斗争，一边抱着笔记本电脑写稿，那场面什么样你们能想象得到吗?

喆同学一会儿大声叫："妈妈，过来陪我玩啊，一个人玩磁力片好孤单！"一会儿贴我身边看看我在干吗，一会儿还会趁我不注意捅捅键盘……你们肯定是这么想的吧？实际上，我俩相处得一派和谐。

曾经的一件事，让我明白，让孩子学会承担，要比苦口婆心说教效果强100倍。

前些日子，给喆同学讲完《拼拼凑凑的变色龙》，又在网上找了素材做些拓展学习，喆同学对其中一个英文版的视频兴致很高。因为视频只有几分钟，我便让他直接在笔记本电脑上看了。看之前，我对他讲，不要乱动键盘。结果，刚看了个开头，喆同学便故意动键盘，页面一下回到了桌面。

视频没有了，喆同学急哭了。我没有急着帮他找回，而是走过去搂着他的肩膀说："宝贝，视频不见了，妈妈也很遗憾。"然后我转移他的注意力，直至他不再哭，我也未再提及刚刚发生的事。

第二天，我打开电脑值班，喆同学搬了个凳子坐我身边，小手放到腿上端正地坐好，说："妈妈，我就这样看着，不碰电脑了。"整个事件，我只是运

用了 “自然结果”的方法，就让孩子认识到一个动作可能带来的后果。就跟我小时候没见过红绿灯，不懂“红灯停，绿灯行”的概念一样，当孩子的好奇心战胜自控力，而又没有品尝到好奇心带来的“恶果”，他们不会理解我们那些说教的意义。

就像之前，我多次强调“妈妈工作时，你不能随便动妈妈的电脑”，但收效甚微，有时候看我这么在乎“动电脑”这件事，喆同学还会故意捣蛋。而当他因为自己的无心举动看不了视频时，他终于理解了“为什么不能随便动电脑”，并愿意改变最初的行为。

什么是自然结果

早在18世纪，法国教育家卢梭就提出了自然结果教育法——让孩子体验自己行为的后果。

这个方法，经常被用来矫正孩子的不良行为习惯。美国著名儿童心理学家鲁道夫·德雷克斯也说过：“利用自然结果让孩子体验自己行为的后果，就给孩子提供了一个真实和诚实的学习机会。”

生活中，我们也经常用到这种方法：孩子不好好吃饭，饿一两顿就好了；上学拖延，迟到几次自己就长记性了；非要摸热水，在保证安全的情况下让他们感觉一下“烫”……

只是，很多时候，我们会矫枉过正，本来很好的体验机会，结果却变成了和孩子的“战争”。

自然结果给孩子带来怎样的体验和成长

◆真实的学习环境

喆同学按键盘“弄丢视频”的自然结果有两个：丢失东西；看不到视频。

真实的学习环境，带来一个他从未体验的结果——他哭了，失去看视频的机会，验证妈妈说的“不可以随便动”的预警，自己主动表达不再动电脑。（这里想补充一句，操作电脑在3岁孩子的能力范围外，但孩子能做到的事，危险系数又比较小的，我们还是应该鼓励。）

◆比任何说教都管用

有时，孩子为了获取关注，会通过一些变本加厉的行为来吸引家人的注意，哪怕是大人的态度不好，只要目的达到就行。

比如有一次，我写稿子，喆爸看孩子，喆同学觉得我没理他，就在电脑旁蹭来蹭去。我数次温和地说：“妈妈还有半小时就弄完了，弄完就陪你玩。”

可最后，为了让妈妈陪，喆同学很生气地按了电脑的关机键！

写好的稿子没来得及保存，我气急败坏，但无济于事。在这之前，我已数次跟他强调不能动我的电脑，但几乎没有效果。

这次，他也明白了：乱按电脑，东西消失。

◆学会承担

还是乱动电脑这事，我没发火、没说教，自然结果已经让他学到：乱按电脑，东西就丢了。就和不吃饭会饿，不喝水会渴，刚烧好的开水会烫，上学忘带东西别的小朋友有得玩他会没得玩一样。

一次次试错，让孩子慢慢学会消化自己错误行为带来的结果，慢慢学会了责任和承担。

◆退出冲突

孩子不吃饭，我们焦头烂额，还得跟在孩子后面喂；孩子磨蹭着不去上学，我们一遍遍催促，都不如老师说一句“你又迟到了”管用。学会运用自然结果后，我淡定了很多，也不再唠叨，和孩子之间的沟通也越来越顺畅。

运用自然结果一定注意这4件事

◆提前约定

喆爸值班，奶奶来帮忙。下楼之前，我跟喆同学说："现在你有两个选择：一是和奶奶在小区里骑自行车，一是走路和妈妈去超市买东西。也就是说，去超市和骑自行车，你只能选一种。如果下楼后，又想骑车又想逛超市，那我们只能回家。"

喆同学选择了骑自行车，但是下楼后就变卦了，要骑着自行车跟我去超市。因为提前有约定，我们只能回家。喆同学虽然不开心，但也没有哭闹。

◆说到做到

看着孩子哼唧、哭闹，我们有时会妥协，善于察言观色的小家伙们于是反复用哭闹来让我们"投降"。所以，当孩子试探我们的底线，妈妈要掌握好度，要和善而坚定地坚持我们的态度。

◆不要把自然结果变成惩罚

一件事情到最后，当坏结果发生，绝大多数孩子已经需要自己承担后果，我们要做的是适当引导，而非惩罚。

◆远离危险

孩子如果想去厨房玩，刀肯定是危险的，此时自然结果就不再适用。我们要做好保护工作，让孩子严格遵守规则，同时温和而坚定地执行约定。

父母，永远是孩子的退路

Chapter

04

断奶再难，也要把宝宝带在身边

关于断奶，其实我是个失败的成功者。为什么这么说呢？

因为在这个问题上，我的失误曾给喆同学造成了极大伤害。和大家分享这段心酸的经历，也给即将断奶的妈妈们提个醒，别再犯和我同样的错误。

艰难的断奶之路

喆同学18个月时，原本打算自然离乳的我，决定实施断奶计划。为什么断奶呢？一是因为他太依恋母乳，夜奶每晚6次以上；二是因为夜奶太多，加重了龋齿。

查了很多资料，询问了不下10个断奶成功的妈妈，也制订了逐渐减少喂奶次数的计划。但真正实施时，依然遇到很多预料不到的事儿。比如，我没想到喆同学这么难哄。

抹辣椒，喆同学辣得直哭，但下次还是要尝尝，看看辣不辣。可我明明听一个妈妈说，她女儿吃过一次辣“neinei”，就再也不恋母乳。

贴创可贴，喆同学会要求揭开验证一下，看看“neinei”有没有受伤。可我明明听一个妈妈说，她儿子看到妈妈乳头贴了个创可贴，就主动说：“妈妈疼，宝宝不吃。”

抹红药水，喆同学会拿湿巾，说帮妈妈擦擦，然后认真贴上创可贴，过几分钟再揭下来说：“妈妈不疼了吧？喆喆可以吃奶了吧？”

我说不可以吃，喆同学就会不停要求“摸摸”“闻闻”“贴贴”“嗅嗅”……把当时他会说的所有能和吃奶沾边儿的词，全都用上了。看着他这副模样，我心一软，计划全部泡汤。

现在我还保留着他为了吃奶大哭的视频，清楚记得那次他哭了二十几分钟，嗓子哑了也停不下来。

失败的隔离断奶

在自己因夜奶失眠以及家人的高压下，我缴械投降，决定实施隔离断奶，让孩子住到奶奶家去，并说服自己相信他们所说——孩子老看不到妈妈，慢慢就把吃奶这事忘了。这是我在养育孩子上，做出的最错误的决定。

孩子在身边时，我常常恨不能偷得浮生半日闲，好好逛街、好好购物、好好潇洒；而一旦离开孩子超过两天，便觉百爪挠心，恨不得马上飞到孩子身边。孩子不在身边了，我的世界仿佛空了一样。还好，他还和我在同一个城市。每周三下班后，我都去奶奶家看他。每次去，他都笑成了一朵花，像树袋熊一样，缠在我身上。

我也清楚，离开应该让孩子知道，所以每次我都告诉他，妈妈过几天再来。结果，我一穿衣服，他就开始哭，一边哭一边伸着小手说要找妈妈。每次我狠心离开，他都在后面哭得声嘶力竭……为了防止他伤心，我开始趁他玩玩具时偷偷离开。

到家后打电话，奶奶都说：“没事，没哭，已经睡着了。”可有次我偷偷离开，要进地铁才发现钥匙没带，返回奶奶家时，喆同学正绝望地哭喊：“我要妈妈，妈妈别走，妈妈回来……”而我，竟然天真地相信，只要偷偷离开，他就真的不哭。我蹲下来，双手掩面，泣不成声。我决定把孩子接回来，再苦再难，也要让他睡在身边。

回来后，对于吃奶，喆同学变本加厉——更加频繁地要求吃奶，寻求补偿，好像要把在奶奶家那十几天没吃到的全补回来。因为心存愧疚，我往往在他大哭以后选择妥协……

一个月，反反复复，奶没断成，喆同学的安全感却严重被破坏。以前我上班，他都可以开心说再见，而现在我每次离开，他都要哭一场；以前他谁抱跟谁，现在只要有我在，谁都不跟……

改变断奶策略

和喆爸商量之后，决定先断夜奶。

断奶前一个月，我们和喆同学聊天，经常提到："你是1岁半的大孩子了，夜里不吃奶了好不好？如果你实在饿，咱们就用奶瓶喝。"

夜里，每当喆同学想吃母乳，我无论多困，都会把他抱起来哄哄；无论他怎么哭闹，我都"狠心"拒绝喂母乳。有时候我觉得自己坚持不了，就把喆爸叫醒，让他陪孩子玩。

一个月，喆同学才明白我的决心，不再哭闹。他开始配合，我成功把他的夜奶戒掉。当他能睡整夜觉，我不再有崩溃感，决定继续喂母乳，并且一直到孩子2岁半，才开始执行全面断奶计划。

有了断夜奶的经验，全面断奶进行得比较顺利。在执行计划前一个月，我每天自制酸奶给喆同学喝，同时和他商量："咱们都是大宝宝了，等到你2岁半，咱们就只喝酸奶和牛奶好吗？"

这个句式很关键，不提不让他吃，而是想吃的时候吃替代品，在情感上孩子更易接受。

最终执行计划时，喆同学头一天还是哭得惊天动地，我很心疼他，但仍然温和而坚定地拒绝；第二天他象征性哭了几嗓子就作罢；第三天基本没哭；第四天，他默认了再也吃不到母乳的事实，还跟我调皮，一边喝酸奶一边说：

“这个可比妈妈的奶甜，要不要尝尝？”

看着他可爱的模样，我红了眼圈：第一次断奶时若懂得循序渐进，孩子是不是就少了那么多绝望的哭泣？假如我的失败经验，能给大家带来一些启示，也不枉费那些白走的弯路。

| 关于断奶，这些问题必须趁早知道

◆如果有人告诉你6个月以后母乳没营养

你可以直接“呵呵”两声一笑而过，因为这是没有科学依据的。

◆想清楚自己只是想断夜奶，还是决心不再喂母乳

我第一次断奶失败，和这个问题直接相关。对于普通职场妈妈，心烦的可能只是频繁夜奶带来的劣质睡眠，只要孩子不再吃夜奶，妈妈便可拥有较好的睡眠。如果你只是为睡眠忧虑，而不是中午没地方挤奶，那就只断夜奶好了。

◆最好选择在春秋两季

冬天夜太长，对孩子和大人来说都太煎熬，新鲜蔬菜和应季水果也少，饮食上选择较少；夏天气温高，本来就食欲不佳，孩子心情再低落，容易生病。春秋两季气温适宜，蔬果最多，断奶同时可以给孩子变着花样增加营养。而3岁前，建议先以配方奶代替母乳。

◆做好打持久战的心理准备

这一点，我做得非常不好，太过心急了。对于大人来说，形成一个新的习惯，都至少需要21天，何况一个小宝宝呢？母乳，是他们出生后和这个世界建立连接的一个方式，怎么可能三两天就戒掉？

◆引导孩子接受奶瓶

有些纯母乳喂养的宝宝对奶瓶很排斥，如果你准备给孩子断奶，至少提前一个月把奶吸出来，用奶瓶或小碗喂给孩子喝。有时候孩子不是断不了奶，是

断不了吸吮母乳带给他们的安全感。

◆让孩子爱上配方奶

1岁以上的宝宝如果爱上配方奶，断奶会容易很多。好的配方奶也能给宝宝提供丰富的营养，可谓一举两得。

◆要狠得下心

孩子断的不是吃奶本身，而是吃奶的心理依赖。而且他们很聪明，如果哭闹可以达到目的，他们会一直使用这个方法。如果妈妈选择妥协，表面是心疼孩子，实际上多了一次伤害孩子的机会——下次你再想断奶，依然要重复让孩子哭闹的过程。

◆取得另一半的支持

如果孩子脾气倔强，连续十天半个月的熬夜陪伴会让人崩溃，老公的支持，能让一个人的坚持变成两个人的分担。而且在孩子哭到妈妈快心软时，爸爸挺身而出，会降低失败的概率。

◆再难，也要把孩子带在身边

这一条最重要，但身边有太多选择隔离断奶的例子。试想一下，孩子已经没有奶吃了，还让他见不到妈妈，有多残忍？

孩子的安全感，破坏起来很容易，比如喆同学的隔离断奶只持续了一个月，但重建他的安全感，我用了整整半年。

宝贝，我想对你说——

曾经我是你的全世界；现在，为了你的成长，我要某种程度上离开，但你要记得，我永远在这里，在你生命开始的地方，为你，奉献我所有的爱……

父母，永远是孩子的退路

| 被冤枉的“小偷”

周六，一位着急的妈妈联系到我，连续发了六七条时长50多秒的语音。把孩子哄睡，我赶紧到客厅仔细听完，知道了事情的来龙去脉：

她的女儿因因（化名）读小学三年级。有一天，班主任找她，说因因偷了同学的东西，让她赶紧去学校——有两个同学共同指证因因偷了同桌的画笔。她一看，这套画笔正好是因因这几天心心念念想要的。

偷窃是严重的问题，何况都有人证了。她只能道歉，答应赔偿人家一套新的画笔。

当着老师的面，她并没有数落女儿。但离开学校后，她还是没压住火，回家路上低声斥责女儿丢脸：“怎么就那么没出息，画笔只是说晚几天给你买，竟然拿人家的！以后让你爸妈的脸往哪儿放！”

女儿非但没有愧疚，反而气急败坏地甩下这么一句：“你都当着老师的面承认我是小偷了，还有什么好说的，我说没偷你信吗？”然后女儿把自行车骑得飞快，回家就把卧室门反锁，任何人叫都不开，第二天也不肯去上学。

刚开始，这位妈妈还觉得现在的孩子怎么脾气都这么大，后来开始担心女儿想不开，做出伤害自己的事。实在没招了，才想着问问我应该怎么办。

我问她：“你相信女儿的清白吗？”

她很肯定地说：“相信！”

“为什么去学校的时候，不问原因，直接答应赔偿呢？”

“两个小姑娘指认她一个人，有理有据，我为了息事宁人，只能先认。”

事实上，在这位妈妈没询问女儿而自作主张决定赔偿的瞬间，对女儿的伤害已经造成。

此时最好的方式，是先向孩子道歉，承认自己处理事情的方式对孩子的伤害，告诉孩子：“我相信你的人品，就算你真的因为一念之差做了错事，妈妈以后也会和你共同面对。”等孩子情绪平复，再商量怎么把伤害降到最低。

第二天，她给我发语音时，带着哭腔：“我在门外跟孩子道歉，话还没说完，她就号啕大哭……后来老师仔细询问了作证的两个小女孩，她们最终承认自己并没有直接看到因因‘偷’东西，是丢东西的女孩让她们那么说的。”

孩子之所以大哭，是因为被冤枉的情绪得到了释放——父母的信任与接纳，对于孩子来说很可能就是关键时刻的“救命草”啊！

| 知道孩子为什么“偷”更重要

一次，看到一则新闻：一个小女孩在超市偷巧克力，工作人员让她妈妈前来交钱。结果就在妈妈和超市交涉时，这个小女孩爬上了某建筑物的17层，一跃而下，当场身亡……

孩子不付钱拿超市的东西固然不对，但对于父母来说，知道孩子为什么“偷”才更重要：

零花钱不够?

亲子关系不好，孩子提出的要求很少得到满足?

受到别人的唆使或威胁？（喆爸上初中时，就遇到过小混混找学生要钱或东西的情况。）

纯粹是因为没吃过而好奇，又没有自我控制的能力?

家长陪伴不够，孩子想通过极端行为引起家长注意，后果却超出了自己的承受能力？

一个小时候因偷爸爸钱而挨揍的异性朋友曾跟我说："第一次偷拿钱，是因为我爸从来不和我聊天，甚至不拿正眼看我，总说我是小屁孩。如果第一次我拿他钱的时候，他能和我聊聊，而不是拿皮带抽我，我根本不会拿第二次、第三次。但我爸有自己的底线：他从来不在外人面前提起这事，更不会当笑话或耻辱的事来说，如果他真拿这事和亲戚打趣，我不知道自己会变成什么样。"

羞愧感，从来不是让孩子"改邪归正"的好方法，爱、包容、信任、适度的惩戒加上正确的引导才是。

很多时候，孩子在做某件事时，已经知道错了。如果错的后果他们无法独自承担，作为他们的监护人，我们责无旁贷应该和他们同进退、共命运，并坚信他们不会再犯同样的错误，给他们自我反省的机会。

如果用简单粗暴的方式处理孩子成长过程中的问题，轻则会失去孩子的信任，让他们用撒谎来应对可能带来的羞辱或责罚；重则给孩子造成严重的心理阴影，引发悲剧。

孩子的退路

我有一个朋友，上学时数学成绩很差，及格对他来说就算高分，但他从不避讳把试卷拿给爸爸妈妈看，更不会私自涂改成绩。原因是："每次我拿成绩回去，我爸都说：'比上次多考了好几分呢！'"

父亲的这份豁达，让朋友从来不为自己数学考30分而自卑，更没厌恶数学。

这个例子，不是让家长无底线容忍孩子。而是因为在学习上，孩子哪科成绩更好，除了努力，还和天赋密切相关。所以，对于孩子的分数，我们最好不过分苛责；而对于孩子的学习态度，则可以提出相对明确的要求，让他们明白凡事都要尽力的道理。

我曾读过一篇文章，标题早就忘记了，对里面的故事却记忆深刻——

有个年轻人家境不错，却不愿接受父母安排的工作，想自己出去闯荡。父母给他本钱，把想到的可能风险告诉他，临走又跟他说："不管发生什么事，都记得还有你爸和你妈。"后来，年轻人怀揣几十万元被人骗得精光，他想过自杀，但想到临行前父母的那句话，就有了从头再来的力量。

对于大多数人来说，"知耻而后勇"并不适用，因为没有人喜欢羞耻感；能用善意引导解决的问题，就不要给孩子带来耻辱感。

一个人只有拥有不怕失败的底气，才更有可能成功，因为他输得起、放得下。

父母，永远是孩子的退路。我特别喜欢这句话。

这个退路，不是金钱上的支持，而是精神上的给予——信念这个东西，说起来虚无，却拥有着温暖而持久的力量。

孩子“偷”东西，父母该如何处理

慢慢建立孩子的边界概念

晚上，微信群里，有位妈妈抛出这样一个问题：邻居家男孩，4岁了，最近从幼儿园放学回来，经常在书包或者衣服口袋里发现玩具。有时候是几个串珠，有时候是一块拼图，有时候是几片彩色雪花片。不光在幼儿园这样，有时去别人家玩，对于自己喜欢的东西，他也会偷偷塞到背包里。问他怎么回事，刚开始还承认，后来渐渐地就什么都不说了。这种情况频繁出现，大人已经对孩子偷东西的行为无可奈何，不知道到底应该怎么办。

看到这条消息时，我正哄孩子睡觉，怕家长一冲动给孩子贴上“小偷”的标签，抓紧回复了这样一段内容——

4岁左右的孩子，没有偷的概念，男孩子晚熟，可能还分不清“你”“我”的界限，只因为单纯的喜欢，就拿回去了。家长最好别反应过度，和老师商量商量，一起跟小朋友说，如果喜欢幼儿园的玩具，想拿回家去，要跟老师申请；不是自己的东西，没经过允许是不可以拿回家的。这样才能慢慢建立孩子的边界概念。

还有个群友，离开北京搬到南方的一个城市定居。她3岁半的儿子在刚进入幼儿园那几天，不知道出于什么原因，常常把幼儿园的玩具带回家。问起来，孩子就说：“我喜欢，它们都是我的好朋友。”

群友也有点儿焦急，想让大家帮她出出主意。

其实，当孩子离开昔日熟悉的老师和伙伴，进入一个完全陌生的环境，心理压力会很大。这时，他们往往喜欢跟没有攻击性和伤害性的玩具做好朋友，因此才会有“邀请玩具回家”的举动。

此时，最好的方法就是跟孩子说明玩具的归属，引导他们正确处理类似“想要或想在一起”的情感，做到“先申请再行动”。

最重要的是，家长对待孩子这类行为一定要保持平和态度，别用成年人的道德标准去衡量。

当然，态度平和并不意味着当孩子有不经允许私自拿别人东西的行为时，爸爸妈妈可以坐视不管。只是，我们要找到一些方法，在不伤害孩子的前提下，根据自家孩子的性格，进行正确引导。

| 探究孩子拿东西的深层原因

三四岁的孩子未经许可拿他人的东西多是因为边界感不清，看到喜欢的东西就觉得是自己的。

这时候，身为家长，我们需要耐心引导。对没上幼儿园的孩子，在家注意引导他理解“哪怕家庭成员之间的物品，想动也是要经过主人同意的”。对已经上幼儿园的孩子，则需要和老师商量好，一方面，家长在家明晰物权概念，让孩子养成拿别人东西要经过同意的习惯；另一方面，老师在学校要多给予关注，发现孩子把东西装到自己书包里，不要粗暴地扣上“坏孩子”或“小偷”的帽子，而是告诉孩子喜欢的话需要和老师商量一下，看看能不能带回家继续玩。

6岁以上的孩子，则要看看家里给的零花钱是不是足够，孩子的合理物质需求有没有得到满足。除了根据实际情况来增加零花钱，更要注意引导孩子合理使用零花钱。

切忌拿羞辱当教育

当孩子出现私自拿东西的行为，有部分家长会用打骂方式来让孩子长记性。但我始终觉得这不是最适合的方法，家长打骂导致的结果是失去了孩子的信任。

别说绝大多数孩子是无意中有了偷拿别人东西的行为，即使孩子真的有意偷窃，作为孩子的监护人，在大发雷霆之前，也请一定先理性思考孩子的现状，是什么原因使得孩子在产生需求和遇到困难时不来向爸爸妈妈求助，而是采用不恰当的方式去解决。

比如我的一个朋友，小学时，学校要交资料费，钱不多，只有5块钱。她却不小心弄丢了，怕被骂，就从爸爸口袋里偷偷拿了5块钱交给老师。结果她原来那5块钱恰恰丢在家里了，一下子露出了马脚。她妈妈不由分说把她骂了一顿，还说她“也不知道什么时候染上了偷鸡摸狗的毛病”。

我听这个故事时，更多听到的是朋友对父母的失望，因为从小到大，每次她发出求助信号，得到的都是父母的责骂，“笨”“粗心”“爱打扮”“乱扔东西”等，都是亲生父母给她贴上的“标签”。

所以，当孩子出现行为问题时，别急着发火，先想想原因。

如果因孩子的行为造成物品损坏，一定要赔偿

之前和一个读者朋友聊天，他说小时候从来没喝过汽水，有次忍不住偷拿了小卖部的汽水喝。他妈妈知道这事后，不打不骂，只是问他有没有勇气和自己一起去把钱还给人家。七八岁的他已经有自尊心，不愿意去。他妈妈没有强迫他，只是表示理解，然后自己去给小卖部的老板赔礼道歉。

他说：“从小到大，妈妈为我做的很多事，我都记不得了。但那个夏天，妈妈的背影却刻在了我心里。她没打我骂我，可从那以后，我再没偷拿过任何

人的钱和东西。现在，我有了孩子，带她去商场，她损坏了东西，我也会找工作人员主动赔偿。”

这位妈妈传递给孩子的是要对自己行为负责的态度——人只有学会了负责任，才会从内而外充满力量。

当然，如果用了引导、暗示、提醒等各种方式，孩子还是改不了不经允许拿别人东西的毛病，就需要面对面进行批评教育了。虽然养育孩子需要温柔地呵护孩子幼小的自尊心，但面对孩子的问题，父母也不能放任不管。

孩子的童心是一张白纸，可以向善，也可以从恶。养育一个孩子，最难的地方，就在于我们务必在孩子面前展现善的一面，让孩子更快乐地向美好善良的方向奔跑。在这个过程中，我们自己也可以因此成长为更美好、更善良的人。

发现孩子的闪光点，他就一定会发光

喆同学进入幼儿园头一天时，我请了一天假，巴巴看着监控里的他。一到孩子出来洗手的环节，我就赶紧躲出去，唯恐被发现。上午10点，我在大门口遇到一个3岁左右的小男孩正在哭闹，孩子一边哭一边说："我要回家，不上幼儿园，我要回家找妈妈……"旁边不知道是孩子的奶奶还是姥姥，刚开始还耐心哄几句，后来不耐烦便开始生气地大声吼："都入园一个多月了，每天还这事那事，哭什么哭啊，你看看人家××比你还小呢，怎么就不哭？"

听到这些，孩子哭得更厉害了，眼泪混着鼻涕，在脸上画起地图。孩子这么小，就和"别人家的孩子"比较，真是可怜。如果喆同学也这般哭闹，我又应该怎么做呢?

想了好一会儿，我确定了一点：我肯定不会拿他和别人比，我会理解他想爸爸妈妈、想家的感受，同时也让他明白幼儿园是必上不可的。重新坐在幼儿园等候区，我开始思考这种淡定从何而来。不容置疑，这种乐观，来源于我爸爸。身为老师的他，给予我的那些精神支撑，会温暖我的一生。

舍得花

小时候，我家条件不算特别好，爸爸的工资大概几十块。当时才上小学的我特别爱看书，课本看完，就看哥哥姐姐的语文书，要么就去邻居家借杂志看。爸爸发现我这个爱好，每个月都会拿出几块钱去县城给我买书。

有几个月，家里遇上些事，几乎买菜都要管人借钱了，实在没钱买书，爸爸就周日骑自行车带我去十几公里外的县城电影院，那里每天都有摆摊租小人书的，3分钱看一本，我一坐就是大半天，能看十几本。傍晚，爸爸再骑车带我回去。

在我读“闲书”这件事上，爸爸舍得花钱，舍得花工夫，很大程度上奠定了我的作文底子，从小到大，作文也是我自信的支撑。

发现孩子的长板并着力培养，这和当下的教育理念不谋而合。

舍得夸

小时候我记忆力不错，一般的小故事看过一遍就能复述。在那个自谦为上的年代，爸爸提到我时，并没有和别的家长一样，故意说“我家那孩子，不行！和你家那个比差远了”，他夸奖我的长处从不吝啬，会实事求是说我记忆力好，看一遍就能将故事复述下来。这种做法，在当时颇有些惊世骇俗，但很大程度上鼓励了我对语言的热爱。

孩子并不懂得哪些是谦辞，会把大人说的都当真。只要大人不夸大其词，当众夸奖，对孩子的长板发展很有好处。“当众夸，背后骂”，说的就是这个道理。

舍得放

初中时，物理和化学靠记忆就能得高分；到了高中，逻辑思维不好，便很难学好这两科。当时一科考试150分题，我能及格就不错了。因为不喜欢，我一上物理课就打瞌睡，成绩根本不可能好。

我的课堂表现辗转传到爸爸耳中，他没有直接责骂，而是询问：“为什么上课会睡觉呀？是不喜欢吗？”我回答是，原以为爸爸会语重心长对我说物理和化学在高考中的重要性，但他出口的却是：“如果实在不喜欢，会考能过就行；你的语文和英语成绩还是很不错的，你想转文科班，爸爸也会帮你。就算考不上大学，也没什么。不要因为这个有心理负担，别拿自己的短处和别人的长处比，反正三百六十行，行行出状元。”

当爸爸那句“就算考不上大学，也没什么”一出口，我差点儿哭了。他没有给我压力，我反倒发自内心地想去努力填补自己的短板。如果当初他逼着我补习，极有可能引发我对物理和化学的厌恶情绪。谁都有擅长的事和不擅长的事，爸爸舍得放弃的心态，让我至今在决策问题上都不拖泥带水。他让我明白，内因的作用远远大于外因，当我发自内心去学习自己不擅长的学科时，这些学科反倒不那么可怕了。

舍得陪

现在的孩子，很缺陪伴，不然关于爸爸陪伴的主题不会引发大讨论。我很庆幸，在这件事上，我爸爸做到了。

那时候，爸爸白天要上课，放了学得去田里干农活，忙得脚不沾地。但再忙，只要我问他问题，他都会耐心解答；我学校有活动，他一定会参加。高三时，有次我成绩提高很多，作为进步生的家长，爸爸要去县城开家长会。爸爸提前把自己的课调换，又起大早把田里的活干完，到了约好的时间，我去校门口接他，他已经等在那里——我一眼看到了他身上的新衣裳。他没有说不给我丢脸的话，但用这样的细致，小心呵护着我青春期的自尊。

专心陪伴，舍得付出时间，舍得花费心思呵护孩子的心灵，对每一个孩子都至关重要。

舍得离

爸爸对我有些宠溺，但在孩子独立人格的培养上，狠心起来一点儿不含糊。我12岁上初中，自己骑车去；高中报到，整理被褥这些活儿，同学一般由家长代劳，他则阻止妈妈替我做这些；每年过年，我要和妈妈一起准备年货，一起蒸馒头、烧火、包包子……

大学毕业，我刚开始签了贵州的一家单位，那会儿一门心思向往老区的神秘，但是那个单位离家数千里。爸爸接我电话时，没有惊讶，没有极力劝阻，只是讲了离家太远的诸多不便，然后说："你如果考虑清楚了，就去；哪天想回来了，就回来。"最终，我主动放弃了这个工作机会。这种"自己的事自己做主，父母只是建议者，不是决策者"的开明，如今也被我用在了对儿子的教养上。

舍得受

小时候，住城里的亲戚经常寄一些我们当地买不到的零食过来。我自己吃，也会和爸爸妈妈分着吃，妈妈的做法是"不吃不吃"，总是拒绝；而爸爸会接受我的分享，一边吃一边说"真好吃"。爸爸不懂得说谢谢，但知道对我的付出进行夸奖，既引导我继续付出，又满足了我的精神需要。

相反，有些家长会因为物品的价值高，拒绝和孩子共同享用。孩子的付出得不到回馈，慢慢就觉得好东西都应该自己享用，在外面自然不愿意分享；长大后，更容易不考虑别人的感受。毕竟，付出感得到满足，也是一种精神需求。

舍得说

和朋友交流，发现多数人和父母的沟通都有问题。尤其在青春期这个"多事之秋"，内心基本是对父母封闭的。

我对妈妈基本封闭，因为她特别喜欢数落我。而对爸爸，我愿意敞开。

中学时，谁给我写情书，我都会告诉爸爸。因为无论我说什么，他都不会嘲笑或指责。

我说收到情书了，爸爸会说“哪个小子这么开眼啊，怎么注意到你的啊”；我说考砸了，他会和我一起分析原因，然后说“学习是马拉松，暂时落后不代表永远落后，下次有进步就行了”。

当我成绩下滑十几个名次、怀疑自己根本不是学习这块料时，爸爸都笑呵呵地说：“这么大姑娘了，还哭鼻子。就算你真的是个‘笨小孩’，那又怎么样？将来还能写小说、当作家啊！”

无论时间过去多少年，这些话我都不会忘记。也正是因为这样，我才明白，在与孩子的沟通中，父母的正向引导、积极乐观、良性沟通有多重要。

当我们为人父母，当我们发现自己的孩子不如想象中那么聪明，请像我爸爸那样开心一笑：“就算你是个‘笨小孩’，那又怎么样？”

我们要做的很简单，发现孩子的闪光点，然后让它的光环照耀孩子的一生。

孩子被打，父母该如何处理

入园是每个家长不可回避的事儿，在家备受呵护的小宝贝，第一次进入集体生活，欺负与被欺负也成为必须直面的问题。

朋友S的儿子，2岁9个月，刚进入一家私立幼儿园的缓适班，头两天情绪还算稳定，第三天早上变得极为抵触："我不想去幼儿园，我不想去幼儿园！"S给孩子洗手时，发现他的手指破了一块儿皮，才明白孩子洗手时为什么叫疼。

当妈妈的最见不得孩子有一丝一毫委屈、疼痛。她红着眼圈问孩子："手上掉了一块儿皮，怎么弄的？"孩子说出口的话，让她由心疼转为气愤："哥哥咬的。"她给老师打电话，问怎么回事。老师说："他和别的小朋友抢玩具，别的小朋友急了，动了嘴，我及时拉开了，还特意检查了下，没发现受伤。"听着老师像说吃饭睡觉那样轻描淡写，当妈妈的玻璃心碎了一地。但幼儿园不得不送，再有这种情况可怎么办？

了解事实最重要

关心则乱。面对幼儿园里发生的这种不可避免的小意外，重要的是了解事实，让孩子在"斗争"中学会保护自己。

家长首先要做的是共情。

不管孩子因为什么原因受到伤害，家人都要用理解的态度，告诉他"我知道你疼"。有了共情，孩子才会情绪稳定地描述事实。

其次，家长需要询问孩子以及老师事情的真相。

很多不理智的家长，看到自己家孩子受伤，就觉得别人家的孩子欺负自己家孩子，殊不知，挑起争端的可能是自己家孩子。比如朋友S的儿子，处于爱争抢玩具的阶段，在幼儿园遇到同样不善语言表达的小朋友，特别容易有肢体冲突。这时，就要进行重点引导，告诉他想玩别人的玩具时，要学会这4个步骤——

1.询问：我能和你一起玩吗？

2.交换：我能用我的玩具和你交换吗？

3.等待：以上两个方法都没取得别的小朋友的同意，可以问“你玩完了给我玩行吗”，然后安静等待。

4.转移：如果依然无法得到自己想要的东西，引导孩子转移目标，先去和别的小朋友玩或先去玩别的玩具。

这4个步骤，在家里可以由爸爸或妈妈陪同演练，直至孩子学会用语言表达，并学会得不到想要的东西时，正确处理失望情绪。

如果是别的小朋友主动攻击，可以这样做——

1.原谅一次：小朋友的世界成人理解不了，前一分钟他们还在争执、吵闹，后一分钟又一起玩了。如果经过了解，小朋友打人或咬人只是偶然现象，可以让孩子原谅他一次。如果下次同一个小朋友做同样的事，就告诉孩子远离他。

2.学会分辨正常肢体接触和恶意攻击：这个可以在日常生活中练习，比如外出去公共场所，如果小朋友跑过来，自己没来得及躲开被撞倒，就是正常的肢体接触；如果本来没碍着他什么事，却故意推人，就告诉孩子是对方不对，可以大声喊“你别推我”。

3.大声喊“别打我”，并把打人的孩子推开：这句话可以引起老师的注意，预防更坏的事情发生。

教育孩子打回去并不是明智的选择

现在有不少家长，当孩子受了委屈时会教育孩子“别人打你，你就打他，有爸爸妈妈给你撑腰呢”，还有的家长教孩子“狠狠地打”。这种教育方式会产生两种可能：一是孩子通过这个方式不再受委屈了，把欺负他的人教训了，但在心里种下了暴力可以解决问题的种子；二是孩子依然没有打过欺负他的孩子，反而受到了更大的伤害，更没有学会通过理性手段解决问题。

打人的孩子并不一定是“熊孩子”

谁家孩子被打了，无论他是对还是错，父母都会心疼。但我们不能因为心疼就不客观、不理性。有些孩子不懂得和小朋友相处，有时候就是因为家长保护过度。

谁也不可能一辈子保护谁，比如上幼儿园，我们也只能凭外伤知道孩子可能发生过肢体冲突，看不见的那些心理伤害呢？你能及时发现吗？一个健康的身心，才是我们给予孩子最好的保护。爱打人的孩子，并不一定蛮不讲理。

孩子爱动手，可能是因为喜欢却不知如何表达，在他们情绪稳定时也懂得分享，也很懂礼貌；可能是因为运动神经发达，兴奋时会不由自主推别人一把；可能是他先被你家孩子激怒了，但不如你家孩子会表达，给人造成他爱动手的错觉……

遇到你认为的“熊孩子”，最好的办法就是安抚自己孩子的情绪，然后及时和老师沟通，让老师对“熊孩子”多加关注、多加引导，和对方家长一起，慢慢把孩子的坏习惯纠正。

你若不懂取舍，孩子便没有未来

Chapter

05

每晚8点关手机，因为我怕来不及

陪伴的力量

记不清是哪天，我一边陪着喆同学玩乐高，一边回信息。

喆同学问："妈妈，我这个楼漂亮不漂亮？"

我头也不抬："嗯，漂亮。"

"妈妈，你看我摆了一个U。"

我象征性地看看："真棒！"

……

于是，喆同学没再叫我，我也没管他——摔不着、磕不着、碰不着就可以了。

大概过了20分钟，喆同学玩够了，走到我跟前说："不玩了。""好，你先去拿水杯喝点儿水。"我扫了他一眼，继续回信息。

喆同学突然双手捧起我的脸，声音高了八度："妈妈！你为什么不看我？"我回过神，看着他清亮的眸子，先是微微尴尬，接着深深内疚，最后是抱歉地微笑："对不起，妈妈以后回家不看手机了，专心陪你玩好不好？"喆同学马上原谅了我，变得阳光灿烂。

第二天，我去办了张新手机卡，只存家人、挚友的电话，旧手机卡存工作关系、一般熟人的手机号；新卡上的微信，不再接受陌生人申请，而旧卡的朋友圈，也仅仅成为工作分享以及了解外界的存在。

晚上8点下班回家，我就把工作手机调成静音，只在睡前或孩子爸在陪伴时看一下有没有重要信息；同时把家人专用手机的声音开到最大，以防他们有什么急事找我。

每晚8点到10点半前后，成为亲子时间。我随时观察喆同学的一举一动：他不需要我时，我在他旁边安静待着；他需要我时，我第一时间回应，讲话时也直视着他的[illegible]睛。

过了几天[illegible]我发现了一个神奇变化：早上我去上班，喆同学不再纠缠着不让走，而是很[illegible]方地说“再见”——安全感、信任感的建立，让他愿意付出将近10小时的[illegible]间期待我们的亲子时光。

陪伴，[illegible]在心在

陪着[illegible]陪伴，一字之差，天壤之别。陪着，只是指你人在，但心不在；而陪伴，“[illegible]”的旁边，多了一个“人”，身心都在此刻、此时。婴幼儿时期父母的全[illegible]陪伴，对孩子性格塑造、自信心和安全感的建立至关重要。

小[illegible]候，我爸妈都很忙，白天上班，晚上做饭、收拾房间、打扫卫生、洗衣服。[illegible]们睡了，他们还要备课，准备应对第二天的工作，忙得几乎休息一分钟的[illegible]间都没有。但是每次我作文拿了满分，兴冲冲跑过去告诉他们，爸爸妈妈[illegible]停下手里的活儿，认真地读我的文章，然后很具体地说某一段观察很仔细[illegible]写得很传神。

大学毕业后，我依然保持着写作的习惯，不停在报刊上发表文章。有一次[illegible]回家，看到爸爸书桌上放着厚厚的一大本剪报，里面从我大学期间发表的第[illegible]篇文章开始，直到最新发表的，一篇不落，每一篇都标注着发表的详细日期或月份，连我自己的样刊都不曾这么齐全……他这种不是夸赞的赞赏方式，让我带着热情码字至今。

这世上的每一个人，都渴望得到关注，就和舞者渴望掌声一样。

朋友Z有着我羡慕的一切：名牌大学毕业，银行体面工作，漂亮的外形。但有一次，她却跟我说，她很自卑，怕别人不喜欢她。

上学时，她成绩很好，每次都考年级前10名。对于她的成绩，爸妈永远只问："这次第几？"考好了，就到处显摆；考差了，就骂她拿着他们的血汗钱不知努力。他们从来不关心她为什么成绩会下滑，是不是遇到什么不开心的事了。

Z跟我说："你知道吗？在他们眼里，我感觉自己根本不重要，只要给他们长脸就行。我妈骂我时，都一边干着活儿一边骂。有一次我名次下滑，递成绩单时怕得在打哆嗦。当时，我站在我妈旁边，面对着她的左侧脸，她根本不问青红皂白，一边拌菜一边数落，从我留长发开始，说到前一晚看了20分钟电视剧，前后骂了有十几分钟。要知道，我才比第一名总分少了8分而已啊！在他们心里，我或许只是个炫耀的工具，并且永远只配得上他们的侧脸。"

这种没有眼神交流、没有被用心对待的伤痛，让她难过至今。

陪伴，善于倾听

派克在《少有人走的路》中写道："爱的意愿的本质，是一种关注；而体现关注最常见、最重要的方式，就是努力倾听。"大多数父母，自己并不是一个好的倾听者，所以孩子也没能成为一个好的倾听者。

所有的父母都认为自己足够爱孩子，觉得自己所有的努力、辛苦都是为了孩子。身为父母确实很辛苦。早上六七点就出发上班，晚上七八点才回到家，大多数时间都在为了生计奔波忙碌。即使人到家了，脑子里还得想着工作上的事。当我们的人在孩子身边，心里却挂念着工作上还有一个报告没弄完、还有一个策划没写完、还有多少万的销售额没完成……这根本不是有效陪伴。

我们是否百分之百投入，孩子是有感知的。不用心，就会忽略孩子很多内心的需要。他们或许不会表达，但内心会觉得自己不够重要。比如，孩子自己做一件事，却不能独立完成，我们在他们提出需求时没及时回应；做事挫败和求助失败的双重打击，让他们开始暴躁、发脾气，我们又反过来说他们“脾气太大”。这是一个恶性循环。三心二意的父母，培养三心二意的孩子。当我们怪孩子专注力不够、做事不能持久时，首先要反思我们自己够不够专注、有没有毅力。

我们是孩子心目中的全世界的时间只有3年，这3年还要刨去一大半用来工作、社交以及处理其他不得不做的杂事的时间。这样宝贵的3年，怎能浪费？我和喆同学的爸爸已经商量好，下班就专心陪孩子。我陪伴时，他加班做自己的事；他陪伴时，我看一下自己的工作手机有无急需处理的事。

百分之百投入，才能产生有效倾听：我们发现孩子又学会了新词，都会说“四脚朝天”“五颜六色”了；发现他可以从椅子上大约离地40厘米高的地方安全跳下了；发现他可以认全26个英文字母了；发现他可以学着英文儿歌里的场景跳舞了……

孩子睡前半小时，我俩共同陪伴，让孩子感知爸爸妈妈都在的幸福。孩子长得太快，我们怕等我们想爱孩子时，孩子却再也不需要我们的爱……

如何做到高质量的陪伴

高质量的陪伴让孩子自信、乐观、积极、有责任感、乐于付出。高质量的陪伴这么有意义，如何才能做到？

◆舍得花时间

忙永远是借口，孩子的成长是无价的，也是不可逆转的过程，不要等到孩子不需要我们了再去后悔。

◆和孩子单独在一起

这段亲子时光，只属于你和孩子，可以在室内做个小游戏，也可以去户外散散步、玩玩土，重要的是这个时间段只属于你和孩子。

◆当孩子遇到挫败，先抱抱他，让他感知到爱

这个小动作，会让孩子情绪平复更快。6岁以前，孩子的情感依恋大于学会解决问题的方法，而且，当他们情绪平复，学习正确操作的方法也会事半功倍。

◆走进孩子内心

推荐家长读一读孙瑞雪的作品《捕捉儿童敏感期》，如果没有它，当孩子可怕的2岁来临，我只会手足无措，而不是像现在这样，抱着理解的态度，去帮助他构建自我、完善自我。

◆及时伸出援手

孩子想独立，同时也需要父母的爱。比如，当他想自己吃饭却吃得满地都是，着急得发脾气扔勺子时，我们不要责怪他脾气太大，而应该安慰："没关系，多练几次就好了，妈妈小时候吃饭也老掉。"并把被扔掉的餐具捡起来洗干净，重新递给孩子。

◆学会沟通

"今天老师教什么歌了？""今天上课乖不乖？"这样的问话会让孩子倍感压力，恐惧状态下的交流，不会特别顺畅。我们可以先说说自己："妈妈今天很开心，你心情好不好啊？有什么有趣的事和妈妈分享吗？"前者让孩子觉得妈妈只注重结果，而后者让孩子感觉和妈妈是朋友。

如何面对孩子提出的物质要求

| 不能只因为“别人有”

前几天降温，我和喆爸去商场买冬装。在一个户外品牌专柜，喆爸试了件羽绒服，一个中学生模样的男生也在试同款。

喆爸觉得款式和保暖性还可以，顺口问了问价钱，售货员说：“折后9000元。”喆爸看了我一眼，我心领神会——他觉得价格太高，性价比太低，这时候需要我出来救场。我说：“也不是很好看，再转转吧。”

喆爸去试衣间换衣服，那个男生则表示出对这件衣服的浓厚兴趣，跟和他一起来买衣服的中年女性说：“妈，我穿这件衣服是不是倍儿精神？”

他妈妈听到了刚刚的报价，有些为难：“是挺精神的，咱们刚来，要不先去别处转转？”

男生有些不悦：“这件就不错，一眼看上的东西最可心了。”

他妈妈有些尴尬：“可一件衣服，是我两个月的工资……”

“我又不是天天买，至少能穿两年呢，我们班好几个同学都穿这个牌子的，老穿几百块的破衣服，我都不好意思和人家一起踢球了。”

男生这句话，明显触动了妈妈最脆弱的神经——别人家孩子有的，我家孩子也要有，如果孩子因为自己而受委屈，就是当父母的无能。

当喆爸从试衣间出来，售货员已经给那对母子开单了。

走出专卖店，我重述事情的经过，问喆爸：“假如喆喆到了青春期，也提出让我们经济上为难的要求，你会答应他吗？”喆爸毫不犹豫：“要看是什么事，真有用的，为难也要创造条件上；如果只是因为‘别人有’而想要，坚决不能答应。”

爱的偏差

如果一个孩子，老拿父母的钱满足自己的虚荣心，会不会是因为父母最初给予他们的爱，就出现了偏差？

初中时，有两个关系比较好的朋友A和B，我们三个都家境普通，B有点儿男孩子性格，穿衣打扮极不讲究，常穿姐姐的旧衣服，又肥又大，看起来很邋遢。A虽然买衣服不多，但每件衣服不是这里绣着一朵小花，就是那里多了个蝴蝶结，细节处透露着特别，衬托得A也气质独特。

很长一段时间，B每次大考小考都是班里前3名，我以为她的心思只在学习上，无心关注外表。某次期末考试完毕，我们相约去B家附近的集市玩，集市上花花绿绿的衣服很多，当B对某件衣服表示出兴趣，她妈妈基本拿一句话应付：“哪有多余的钱啊！臭打扮什么啊，你姐姐的旧衣服就行了，有那心思还不如多做两道题呢！”而当A看上某件衣服，她妈妈则笑着问：“你真喜欢，咱记住样式，回去看看家里有没有类似的。如果没有，妈给你做一件比这个还好看的，你看行吗？”

初中毕业，我读了县城的高中，A读了镇上的高中。当时B也考上了县城的高中，但她妈妈觉得女孩子迟早要嫁人，读书没用，让她辍学打工。

因为精神上的富养，A一直挺自信，虽然只读了电大，但乐观积极，心态好、人缘好，工作生活顺风顺水。而B因为意愿一直被压制，去深圳打工以后经济独立，开始疯狂补偿曾求而不得的东西。

后来我们三个相聚，说到自己几年来从没给家里寄过工资、过年回来还想方设法骗妈妈的钱，B言谈之间竟然有些许快感。

永远得不到满足的孩子，遇到机会补偿曾经的缺失，往往会变得一发不可收拾。很大一部分喜欢拿父母的钱满足自己的孩子，也许就是在弥补曾被父母压制过的内心渴望吧。

恰当给予是父母的必修课

那些永远得到超额满足的孩子，也很容易陷入拿父母钱来满足自己的怪圈。逼父母买苹果手机的新闻层出不穷，而我身边也不乏工作几年，还靠父母接济的人。

比如有刚来北京的小年轻，工资只有四五千元，却不愿意和别人合租，光房租就用掉80%的工资，剩下的钱根本不够吃饭，偏偏找个女朋友每周还要看电影、逛街、吃饭、送礼物。每月底都要打电话给老妈，撒谎说自己又报什么班了，需要交学费等。

比如有当锅炉工的父亲，一直觉得自己工作卑微，怕骑着三轮车去给女儿送衣服和生活费丢人，离学校200米就停下来等女儿来取。当女儿交了男朋友，怕被看轻，提出想买个苹果笔记本电脑和男孩一起上自习，老父亲拿出了半年的积蓄……

这样的爱，像毒药，一方面让孩子的得到越来越理所应当、撑大了孩子的欲望，另一方面让自己不堪重负、精疲力尽。

如何恰当给予，是身为父母的必修课。

每当我偶尔因无法给予喆同学更好的生活而心存内疚，总会想起一个朋友的故事——

2001年，朋友刚考上大学，手机还是奢侈品，他喜欢的诺基亚8250对于他们家当时收入来说也是天价，当他提出来想买，一辈子在地里讨生活的父亲先是沉默，几分钟后抬起头说：“我不懂手机到底有啥用，但你提出来了，肯定特别想要。咱家只能凑出来你的学费，要不这样，现在离开学还有一个月，爹会瓦工活，咱俩去济南找你做包工头的哥哥干点儿零活，看能不能攒够手机钱？”

他和父亲干了整整35天的零活，终于攒够了买手机的钱。

这件事中，他的需求得到了满足、意愿得到了尊重，同时也明白了“想要什么，必须自己去争取”的道理。

既不打击孩子对美好事物的向往，也不轻易满足孩子超过家庭经济条件的欲望，这位父亲朴实的做法，不正是我们在养儿育女过程中，必须掌握的智慧吗？

玩具少一些，对孩子益处多多

元旦期间，我带喆同学去探望了一位忘年交，孩子称呼她为丁奶奶。丁奶奶退休前是个中学老师，干净利落，也愿意接受新事物，“连连看”“切切乐”这种小游戏玩得非常好。

在丁奶奶家，我注意到书桌上有一本书角略微卷起的《西尔斯育儿百科》，略带惊讶地问：“您也看这么经典的育儿书呀！”丁奶奶笑：“儿媳留下的，虽然没说，我知道她是想让我学学新鲜的养育孩子的方法，毕竟七八十年代的经验都过时了。我也愿意看，经常翻翻，还真发现自己当初犯了不少错啊，还好孩子没出啥差错。”

实际上，她儿子大学毕业就申请到了国外硕博连读和全额奖学金的机会，回国没几年，在公司已经做到了中层，不仅为人处世成熟，性格也很开朗，和老人、孩子都能打成一片，见面和喆同学也玩得很高兴。每次回家，喆同学都会念叨：“我叔叔知道好多车，还给我讲战斗机，妈妈你知道吗，就是那种打仗的飞机，会放枪的……”

这次来玩，丁奶奶特意把儿子小时候玩的玩具拿出来给喆喆玩，已经30年的电动推土机仍保存完好，安上电池还可以运转，喆同学兴奋不已。而我不禁感叹，30年前的玩具，竟然保存得这么好，是怎么做到的？

玩具少，更懂得爱护

丁奶奶特意翻出来的小人书，虽已泛黄，还是每本都整整齐齐地码在书架上："那时候玩具少，小人书也少，孩子特别珍惜。"

因为珍贵，所以懂得珍惜。

还记得小时候，爸爸出差给我带回一个带声音的电动枪，在那个年代相当特别。很长一段时间，我都小心翼翼地扳动着扳机，唯恐力气太大，把扳机抠坏。每次玩完枪，我都要把它装到布袋子里。因为是有记忆以来印象最深的玩具，也是很难得才能收到的礼物，自然爱护有加。

现在去商场，经常看到有宝贝在玩具柜台撒泼打滚，即使家里已经有相同功能的玩具，只要样子稍不一样，就纠缠到底，一定要买。但真买回家去，对新玩具的热度也保持不了几天，有时候玩半小时就束之高阁了。微信群里有个妈妈就吐槽过自己女儿：在商场挑玩具花了将近3个小时，回到家玩了不到30分钟便打入了"冷宫"。

这一点我也常反思，为了选到性价比最高、最实用的玩具，我购置了不少玩具进行比对，但对喆同学玩玩具的数量却没有明确规定，他常常捡了芝麻，丢了西瓜，不时在不同玩具间来回切换。

聊天中，我了解到丁奶奶当初的方法：儿子小时候，她会将大部分玩具放到柜顶，释放出更多的地面空间让孩子玩，每次地上只留两三样；等孩子把手里的玩具探索够，觉得没意思了，便会自己找乐子，或拿起画笔涂色绘画，或拿着剪刀剪纸，再大些，看书的时间越来越长。

玩具不多，注意力集中创意多

"孩子小时候玩具不多，总能变着法儿地玩出新玩法，不玩玩具了就找家里的材料自己做，小时候玩的木头手枪、弹弓、冰车都是自己折腾着做，有时候做一天也不嫌累。"丁奶奶回忆起儿子小时候的日常。

说到这里，我想起一个曾看过的试验。德国两位公共卫生工作者施特里克和舒斯特说服了幼儿园一个班的孩子，3个月不用玩具。虽然试验一开始很无聊，但很快，孩子们就利用周围环境中的东西来创造游戏，并在游戏中发挥想象力。

我也发现了喆同学玩玩具时的一个现象：身边玩具多的时候，相对持久度不是很长，遇到难一点儿的玩具很容易放弃，转身寻找对他来说简单一点儿的。而只玩一种积木时，“要给爸爸建个大房子，能在家里跑步，给妈妈摆个电脑桌，打字不用弯腰（可能看我码字时经常驼背，他觉得我的电脑桌不够舒服）……”不仅注意力集中，还把积木比作各种道具，发挥想象力构造他想要的场景。

回想我们小时候，家里有玩具可玩的小朋友为数不多，我们更多的是用身边的材料自己做玩具，小时候自制过沙包、鸡毛毽、车内胎剪的皮筋，童年的记忆也是快乐自由的。玩具虽少，玩的过程中，不再是简单的动手驾驭玩具的几个功能，而是想方设法利用手头的材料来协助，达到更多游戏的目的。

玩具少了，孩子反而变得更机智。美国儿童教育学者发表的一份研究报告同样证实，玩具过多容易影响孩子的智力发育。学者克莱尔·勒纳说，给孩子过多而不适当的玩具，反而会损害他们的认知能力，因为他们在如此多的玩具面前会显得无所适从，无法集中精力玩一件玩具并从中学到知识。

玩具少，孩子才更懂得分享

家有双胞胎的朋友也曾告诉我一个有趣的现象，两个孩子因为一个玩具纠缠的时候，如果家长再递一个新玩具过去，更容易引发两个小朋友的纷争，为了得到新玩具，抢得不可开交。而大人不介入的话，小朋友抢一会儿自然会有一个放弃，注意力转向别的玩具，相处起来反倒和谐一些。

之前考察喆同学的幼儿园时，发现活动区域的玩具不多。当初觉得孩子们活动的时候每个孩子拿到手的玩具不平均，岂不是很容易产生纠纷？幼儿园负责介绍的老师却解释道，恰恰相反，如果每个孩子都有一个玩具，归属感强烈，自己的“领地”不容侵犯；而玩具相对少，孩子会被迫在一起分享、协作，还会发挥他们的交际能力，与其他小朋友沟通如何支配玩具。

玩具到底几样才合适

给孩子的玩具少些，好处竟然这么多，那究竟多少玩具才合适？

美国弗吉尼亚大学有学者给出了一个数量——5个。理由是：玩具少于5个，孩子可能会自卑；如果超过5个，不仅玩具玩得不充分，还会限制孩子的创造力。

在为孩子提供玩具时，如果玩具太多，又舍不得清理，可以利用整理箱，将玩具按每5样搭配整理在一起，每周换一箱。这样既能保证孩子接触到的玩具数量合理，换箱子时还会保持神秘感和新鲜感。

还可以与就近的小朋友进行“玩具漂流”游戏，每家装一小箱子的玩具，每周或更长时间交换一次。知道过段时间玩具将“漂走”，孩子也会更珍惜。

公共场所的玩具“潜规则”

一天，一个妈妈和我语音聊天，她很着急地讲述了下午发生的一场冲突。

爷爷带她2岁半的儿子闹闹去广场玩。闹闹最喜欢玩秋千，其他小朋友也喜欢，但广场上只有两架秋千，经常有小朋友排队等候。闹闹没睡午觉就出去，赶上人比较少的时间段，小家伙玩得很开心。爷爷看孙子高兴，自己也高兴，忽略了两三个小朋友已经眼巴巴跑过来好几次，看看闹闹有没有从秋千上下来。这个妈妈说：“爷爷的理论是秋千和公园的凳子一样，谁先坐下就是谁的，前头的人坐够了，后头的人才有机会坐。”这话听着有点儿不对劲，但道理上好像又没有错。为了避免家庭矛盾，她也没有深究。

有个孩子的奶奶，看自家孙女等了十几分钟还没玩上秋千，直接指责爷爷不会教育孩子，就知道宠溺，别的小朋友下着雨排这么久的队，也不让闹闹下来。一来二去，吵得惊天动地，孩子自然也吓得哇哇大哭。

这位妈妈问我：“爷爷错了吗？公共场合的玩具，不是应该遵循先到先得，别的小朋友等待的原则吗？”

以前，也有朋友问到孩子在外争游乐设施的问题，印象最深的是一个妈妈讲述的另一个事件。

也是去游乐场玩，小朋友都喜欢坐一列环游游乐场的小火车，正常情况下，小朋友体验一次就会下来，但有个小男孩连续坐了3次，还是不肯下来，妈妈每次都顺从他。其他人看不惯，抱怨了句：“工作人员都说了，每位小朋友只体验一次，以便让其他小朋友都有机会乘坐。”

小男孩的妈妈立刻发飙：“我怎么没听见有人这么说，又不是收费的，你们想坐也可以啊，管别人的闲事干吗？”工作人员是一个20岁左右的小姑娘，看这个游客很凶，也没敢说话，其他人更是敢怒不敢言。

公共游乐场所的争吵，喆同学出生以来我见过不少，大多数情况下，我会选择沉默或带孩子去玩别的——为安全着想，最好不与那些蛮不讲理的人计较。

幸运的是，绝大多数妈妈知道从道理上讲，让别的小朋友排队等待没错，但实际操作中，她们都在默默遵守着公共场所的“江湖潜规则”：

●从孩子接触公共玩具开始，就让他明白这些东西不属于自己，每个小朋友都有权玩。这样的界定，会让孩子的物权概念更明晰。

●具体情况具体分析，如果自己家孩子感兴趣的玩具一直没有别的小朋友来抢，可以不干预；如果有别的小朋友表现出兴趣，一定要提醒自己家孩子，这是公共玩具，所有小朋友都有权玩；如果别的小朋友提出要求时自己不想让出，可以继续玩，但占用时间尽量别太长。

●假如有好几个小朋友在排队等候，妈妈可以给孩子限定时间，这里需要注意一点：三四岁以下的孩子很少认识表，也没有时间概念，家长可以指着手机上的数字，告诉他这个数字变成几，就要去玩别的。一个朋友的办法是给出两个选择，比如，想玩5分钟还是10分钟，然后和孩子一起设定闹钟，闹钟响了让孩子让出玩具，然后和妈妈一起关掉闹钟。

●如果孩子放下某件玩具后还念念不忘，妈妈可以引导他重新排队，这样既遵守了公共场合的社会规则，又能重新玩上自己喜欢的东西。

●如果自己家孩子对别人正在玩的玩具感兴趣，可以引导他前去商量，询问对方“能不能让我玩一会儿”；对方不同意，可以让他拿别的东西去交换；交换还是不能达成目的，就引导孩子转移注意力，告诉他“过一会儿再来试试”；如果孩子不愿意玩其他的，而是想等待，家长可以陪孩子一起等。

“熊孩子”的背后，大多站着“熊家长”

| “熊家长”的呵护法则

一天，一位妈妈和我说了件事。她家孩子3岁左右，经常和邻居家小几个月的宝宝玩儿。小点儿的宝宝，爱动手打人，她家的孩子经常是被打对象。刚开始她并没有在意，后来发现每次那个宝宝抢玩具或者打人之后，邻居都没有任何反应，而自己家孩子慢慢变得不敢保护自己的东西。

有一天，两个孩子一起玩，她家孩子又被打，脸上立马出现了几条血印子。她把两个孩子拉开，说了句：“宝贝，你不可以这么抓哥哥！”听了妈妈这句话，她家孩子哭了，是那种委屈得到释放的哭。她哽咽着对我说：“那是我第一次站出来保护我儿子，可能他委屈了很长时间。之前每次对方抢他东西，我都本着息事宁人的态度，说没关系。”

可当她家孩子哇哇大哭时，戏剧性的一幕出现了，邻居不仅没引导自己家孩子正确的社交行为，而且来了一句：“哎呀，弟弟比你小那么多，不可能抓太疼的，你是男子汉啊，怎么这点儿伤就哭鼻子？羞不羞啊！”她没说话，抱起孩子回了家，并且再也不打算和邻居家一起带孩子玩儿了。

后来，这位妈妈才知道，邻居的类似行为，不止这一次。某次一个小朋友不小心把邻居家孩子碰倒，孩子没受伤但吓哭了，对方家长道歉，她还要求小朋友必须给自己家孩子道歉；邻居家长也因此放弃让两家孩子上同一所幼儿园，原因是“那里有比我们家孩子更厉害的，我们去了会受气”！

看吧，有些家长就是这么“宽以待己，严以律人”，自己家孩子不受委屈，是他们永远的呵护法则。

大人的“双重标准”

周末，带喆同学去游乐场玩兴奋了，他开始扔海洋球。他扔第一轮的时候我就用语言制止，并走过去，想告诉他这样不对，会影响到别人。就在我快走到他身边时，一个妈妈尖叫道：“这是谁家的孩子？有没有人管啊？扔这东西，把我们家孩子砸坏了怎么办？”

她身边站着一个大概1岁的小姑娘，虽然喆同学扔的球并没有真的碰到她，但我还是道歉，并把喆同学抱离海洋球池。过了一会儿，一个小姑娘的哭声传来，我一看，是一个2岁左右的小女孩，被一个五六岁的姐姐扔过来的软积木砸到了脸，哭了。小女孩的妈妈一边安抚自己家孩子，一边问那个大些的小姑娘：“你跟谁来玩的呀？能不能叫你家长过来？”

这时一个妈妈走了过来——正是刚才对着喆同学尖叫的那个妈妈，原来她是带着大宝和二宝一起来玩的。她没有安抚受惊吓的小女孩，而是先问了自己家女儿事情原委，之后才跟小女孩和她妈妈说：“哎呀，我闺女说她不是有意的，而且积木很软，不会太疼的。宝贝别哭了啊，不然你妈妈会觉得你受了多大委屈呢！游乐场人太多，孩子之间的小意外真是避免不了……”

再严重的事件，一旦由自己家孩子造成，也是轻描淡写。

聊起这个问题，朋友W也和我讲了一件事。

周末，W和其他两个妈妈一起带2岁多的孩子去游泳。游完出来，大家在休息区给孩子吃东西。一个五六岁的男孩子带着自己2岁左右的妹妹站过来，直愣愣盯着W手里的奶酪。正好W有两个多余的，就分给那两兄妹一人一个。孩子的奶奶或者姥姥，就在四五步远的地方看着，没阻止这种索要东西的行为。得到分享后，孩子没说谢谢，老人也没说谢谢。

过了一会儿，大家又开始给孩子喝牛奶，两兄妹又适时走了过来。W只带了3包牛奶，三家孩子正好一人一盒。所以，这次她没办法把东西再给兄妹俩。见死盯着不管用，小男孩趴在妹妹耳朵边说："你跟她说'我也要喝牛奶'！"W听到了这句话，心里五味杂陈。

她和我说："如果当时哥哥直接说想喝奶，我或许可能给他，但这种方式我不能接受。"她为了断绝孩子的念想，和颜悦色道："对不起啊小朋友，牛奶一会儿弟弟还要喝，没办法分给你们了。"之前一直沉默的老人，这个时候突然冲过来，拉起孩子就走："你俩怎么这么没出息？人家不愿意分享没看出来吗？你俩没喝过牛奶吗？咱们又不是买不起！"听到这些话，W突然觉得，刚刚的奶酪也给错了。

"熊孩子"背后，大多站着"熊家长"

一直以来，我都觉得大家都是当妈妈的人了，再怎么疼自己家孩子，起码能对别人家孩子做到基本的共情。

但随着孩子越长越大，随着公众号后台留言的读者朋友越来越多牢骚，我终于明白那只是我的一厢情愿——这世界上，真有相当一部分家长的思维是这样的：自己家孩子是个宝，别人家孩子不能侵犯一分一毫，犯错时就得全世界都无条件原谅；别人家孩子是根草，被我家孩子欺负了没什么大不了，敢欺负我家孩子我肯定不依不饶！他们对别人有多苛责，对自己就有多宽容。

小孩子都非常聪明，久而久之，他就清楚自己的哪些行为是爸爸妈妈、爷爷奶奶默许甚至鼓励的——反正不用承担任何责任，先由着心情做了再说！习惯欺负别人的，有可能变成校园霸凌；习惯随手拿人东西的，有可能变得爱占便宜，一身小家子气；习惯随意乱动别人东西的，有可能没有界限感，长大后承受着不被大部分人欢迎的孤独……

这些孩子，最终都变成了人们眼中的“熊孩子”，他们背后，都站着一个甚至多个“熊家长”——他们集体以“爱”和“呵护”之名，毁了自家孩子的一生。

用“爱”还是“溺爱”养育，孩子差别竟然这么大

对孩子成长的规律，我提倡要给予足够的尊重。有朋友担心：这样无原则地顺从，会不会把孩子惯坏？打着理解的旗号，和老人的无原则溺爱有什么区别？

差别大了去了——对待孩子，养育上的满足和规则上的严格，不仅不冲突，还相辅相成、相得益彰。只是相当一部分妈妈，把满足和溺爱画上了等号。

养育的满足，是对孩子成长规律的尊重

孩子的成长规律，就像人渴了要喝水、饿了要吃饭、困了要睡觉、青春期有性别意识一样，是人生理和心理的本能需求。

1岁以前，宝宝的安全感绝大部分来自母亲的呵护和稳定的生活环境。这个阶段，孩子哭了，妈妈最好及时回应。有段时间，网上流行所谓“哭声免疫法”，让孩子哭到绝望，对此，我从来都不认可。这个阶段，没有被爱宠坏的孩子，只有因被忽略而埋下心理隐患的孩子。

2岁左右，孩子想自己动手倒牛奶、帮妈妈扫地洗碗、替妈妈开洗衣机等，都是孩子在有意识地通过外在成就感建立内在自我。这时候因为孩子大脑对行为的控制机制还不完善，往往会把牛奶洒一桌子，把打扫干净的地面弄脏，把洗衣液洒到自己身上，给妈妈增添很多额外的工作量。而当孩子表现出

对家务的热情时，家人往往用“别给我添乱”来扼杀孩子的热情。所以，关于养育的无条件满足，妈妈应重点考虑一件事：当我们阻止孩子做一件事，是真的不喜欢他们的行为本身，还是怕他们的行为会给我们带来麻烦？

如果是后者，那只要孩子的行为没有危险性，就放心让孩子去做吧，我们辛苦一阵子，孩子幸福一辈子的概率会增加许多。比如，出门前，孩子非要自己穿衣服，你心里很着急，也还是可以尽量给孩子独立自主、增加自信的机会，并在下次要出门前，给孩子留足“拖延”的时间。

| 溺爱是一种短视的百依百顺，埋下“熊孩子”潜质

有次下班回家，遇到祖孙俩，孙子不想自己背书包，哭闹着让奶奶背。奶奶看着至少70多了，肩上背着孙子的书包，左手拎着一个装满东西的口袋，右手拎着一大袋子菜，步履蹒跚。而看起来至少已经上小学的孙子，一边蹦蹦跳跳，一边催促：“哎呀，奶奶，怎么走这么慢！快点儿，我回家还得看动画片呢！”

这种爱像毒药，让孩子失去了同理心，也失去了自我成长的机会——人生之路，很多时候就是要负重前行，没有人能替自己负担一生。

而这种溺爱，包含在追着喂饭里，打了别人沾沾自喜、被别人欺负不依不饶里，没有原则的占别人小便宜里，超出家庭经济范围的物质满足里。

| 规则是让孩子学会保护自己，同时避免给别人带来麻烦与伤害

关于规则的建立，有一个经典的故事。妈妈带孩子外出，出发前说好路上一定要坐安全座椅，不然就把车停在路边甚至取消行程。为了去玩，孩子欣然同意。结果，中途孩子开始吵闹，在问清楚没有身体不适后，妈妈的语言安抚并没起作用，只好按约定把车停在路边，直到孩子情绪稳定才重新出

发。反复几次，孩子明白了妈妈的坚定态度，就接受了出门必须“坐安全座椅”的事实。

事关孩子的生命安全，家长必须坚守规则。

带喆同学外出，在度假村看到一个三四岁的小姑娘，路上遇到垃圾，她捡起来扔到垃圾桶里。妈妈并没有以“太脏”为由阻止，只是在孩子把垃圾扔掉后，拿出随身携带的免洗洗手液给孩子洗手。

事关环境保护，这位妈妈对孩子的培养非常到位。

在早教中心，孩子喜欢的玩具只有几种。小朋友们先到先得，其他小朋友想玩必须排队等候。有的家长觉得自己家孩子玩不到东西受了委屈，或找老师谈话，或选择回家给孩子买个一模一样的玩具。少数妈妈深谙成长原本就充满疼痛与失落的道理，因而选择让孩子主动去适应环境，用短痛换来孩子心理上的长久成长。

想玩别人的玩具一定事先询问，攻击了别的小朋友要道歉，能自己做的事尽量不麻烦别人……这些小事，是每个孩子的必备品质，只有建立起这些规则，孩子才能更有教养、更容易被社会接纳。

用“爱”养育，还是“溺爱”养育，一字之差，南辕北辙。

如果爱孩子，孩子成长，我们也要不断成长。我们需要耐心再耐心，理解再理解，克制再克制，或慢或快都要尊重孩子的成长曲线，而不是成人世界的节奏。

这样的“傻事”，多陪孩子做一些才好

陪孩子角色扮演

去超市买东西，遇到一个小男孩，他一直不停拉着路边的一条小铁链，一边拉还一边唱：“拔萝卜，拔萝卜，嘿呦嘿呦拔萝卜……”他妈妈在旁边，饶有兴致地看着。当孩子叫：“妈妈妈妈，我拔不出来，你快点儿过来帮我！”妈妈像得到命令一样，快速跑过去，拉住孩子的衣服，和他在众目睽睽之下一起“拔萝卜”。当“萝卜”拔出来，孩子要求妈妈也像自己一样欢呼雀跃，妈妈也无视异样的眼光，和孩子一样跳跳唱唱。

为这样的妈妈点赞！喜欢角色扮演，是孩子成长的必经阶段，正是通过沉浸于自编自演的情节，孩子的想象力才得以无限放大。

解救“小蜜蜂”行动

喆同学从小就是个很有想法的孩子，小猪形状的馒头不吃，说小猪会疼；带皮的虾不吃，问老师“虾会不会疼”；前几天从老家带回来几只知了，也是不吃，说知了叫的时候，夏天就到了，如果把知了吃了，就没有夏天了……

有次接喆同学回家路上，遇到一只受伤的小蜜蜂，它失去飞行能力，一直在地上漫无目的地爬。远处过来一辆汽车，喆同学很着急地喊：“妈妈，救救小蜜蜂，车会轧着它的！”

明知道小蜜蜂已经无法存活，但我不忍辜负他这份善良，赶紧从包里拿出一张纸巾，一边把小蜜蜂捡起来，一边告诉他：“小蜜蜂不喜欢别人抓它，所以妈妈要隔着纸巾，以免被它蜇了手。”

喆同学和我一起把小蜜蜂放到花丛里，临走，他还和小蜜蜂说：“再见，快去找妈妈吧，妈妈会给你吃的……”这件事，大人看来或许很无聊，孩子呈现的却是同情和善良。这样的“傻事”，多陪孩子做一些才好。

从孩子的角度审视世界

一个朋友，无论去哪儿，都提前半小时出发。因为她儿子对各种车非常着迷，喜欢认车标、车型，常见的车型，他只看侧面就能说出是什么牌子、哪种型号。后来，孩子开始根据车前脸的设计，给它们分了很多类：微笑的车、生气的车、哭泣的车、又哭又笑的车……对于这些言辞，她从来没说过孩子“胡说八道”，不能理解时，会蹲下来问孩子：“你能告诉妈妈，为什么这辆车又哭又笑吗？”

出去吃饭，经常看到有些小朋友吃着吃着，就嚷一嗓子：“妈妈，看我给你做的汤，好喝不好喝？”抬头一看，往往是孩子把好几种液体混合在一起，自己觉得很有创意，欣喜地分享给妈妈。但他们得到的，往往是嘲笑或者斥责：“别浪费饮料了，看你弄的这是什么啊，乱七八糟的！”

日复一日的不被欣赏、肯定，孩子天生的创意，就慢慢固化成了成人式的一板一眼。跳脱固有思维，用孩子的角度审视世界，会发现人生更有趣！

理解并配合孩子的纯真

一个妈妈和我聊天，说他们家孩子每次上学，在过街天桥上都会遇到一位清洁工。因为对人家的工具感兴趣，孩子每次遇到那位爷爷，都要帮人家扫地。亲戚聚会时，有人问他长大了想干什么，他说：“我长大了想当清洁工，把马路打扫得干干净净。”亲朋好友哄堂大笑，有人笑话他：“真没出息，竟然想去扫大街。”

由此想起之前带喆同学去“迷你世界”玩耍，环卫工人那里总是门前冷落鞍马稀，有一个十几岁的孩子，甚至直言：“我才不要当扫大街的！”孩子对职业的偏见，就是从爸爸妈妈以及亲朋好友的态度里得来的吧?

突然想起我小时候，梦想是当售货员，在我想象中，当了售货员，就可以随便吃花花绿绿的糖果了；而长大后，我心心念念的却是成为作家。其实，只要在法律允许范围内，孩子将来从事什么职业不重要，重要的是他从这个职业中得到了快乐、找到了自我。

假如喆同学将来喜欢的工作，并不符合我们“望子成龙”的标准，那也没有关系，他喜欢就好。给孩子最好的爱，就是接纳与尊重——当他们还是小婴儿，我们给予无条件的爱；当他们开始构建自我，请理解并配合他们的纯真；当他们青春叛逆，接纳他们的“极端”，包容他们对自我空间的需要；当他们有了自己的小家，我们适时退出，过我们丰富多彩的余生。

生活，是最好的教养

Chapter

06

孩子入园，接孩子也有大学问

克服分离焦虑

幼儿园开学，很多妈妈都会关心这个问题：早接孩子放学好，还是晚接孩子放学好。根据喆同学上缓适班4个多月以来的情况，我有了一些可以分享的接送经验。

喆同学属于精力旺盛、超级好动的孩子，出门就是“小旋风”。担心他以后上幼儿园规则意识不强，我先给他报了个英语班，一是磨磨耳朵，二是提高和老师、小朋友之间的配合度。英语班全英文教学，一周两次课，一次1.5小时，配1个外教、1个主教、2个助教，10个孩子，年龄都在两三岁。

头几节课家长可以陪同，最迟第八节课开始，孩子独立上课。我仔细观察过，即使看起来外向独立的孩子，头一次离开爸爸妈妈也会哭。倔强的喆同学，第一次更是哭了二十几分钟，助教抱着他哄也不管用。中间我心软，进教室哄了几分钟，结果等我再出来，他哭得更凶了——知道声嘶力竭管用，孩子会频繁使用，所以我之后没有再进教室。后来每次独立上课，他还是会哭，但时间一次比一次短，第四次独立上课，已经可以和老师开心玩耍。

在分离焦虑这个过程中，与其说考验孩子，不如说是考验家长——让孩子断了有人陪伴的念头，同时保证他们一出教室门就可以看到家人，这一点异常重要。

到了3月中旬，我当时还没全职在家，爷爷奶奶的陪伴已满足不了喆同学的求知欲。比如，他经常说一些英文单词，老人无法和他交流；他说的儿歌，老人没办法给他回应。此时，就可以考虑让孩子去缓适班，和老师、小伙伴相处了。

第一天入园，喆同学没哭，因为新奇，玩得很开心。但第二天开始，每次送他进教室，他都大哭一场，边哭边叫："妈妈不走，妈妈陪我……"

我做了很多准备：提前几天带他去早教中心游泳，提前和主班老师接触，提前让他和小朋友一起玩耍，但分离焦虑依然存在。虽然他哭的时候，我坚持没回头，但入园第二天、第三天，我都申请在教室外面"陪着他"。他出来做课间操时会四处张望，寻找妈妈的身影。某次，他挣脱老师的怀抱，一边哭一边冲向早教中心大门，嘴里还含糊不清地说回家找妈妈，我没忍住，自己也落了泪。但我知道，此时如果我出现，只会让他的分离焦虑更严重、时间拉得更长。

对初入园的哭闹，我只有一个字送给大家：忍。同时放学时第一时间站在教室门口等待，保证孩子放学就能看到妈妈的笑脸。等宝贝们确定"妈妈只是暂时看不到，并不是永远看不到"，新的安全感就会建立。

| 相对于早接晚接，谁接孩子更重要

从一进教室就哭，到和小朋友们开心玩耍，喆同学经历了大概一个月的时间，现在每天睁眼就问："妈妈，今天是周末吗？我们还是去上幼儿园吧！"

每次听到小家伙略带奶声地问这句话，我都莫名感动。唯一觉得对不起他的，就是无法做到每天亲自接送。

5月份我辞职，因为每天上午要看书学习，下午要写公众号的推送，也只能早上送孩子上学，晚上麻烦老人去接。爷爷奶奶接孩子时，在幼儿园正式放学之前半小时就赶到学校，4点半孩子吃晚饭时，他们就站在教室门口等着。

尽管我每次都叮嘱爷爷奶奶，别每次都去那么早接孩子，但他们还是每天最早赶到，和其他三四个家长一起等在教室门口。

关于早接孩子好还是晚接孩子好，国外学者曾经有过调研：一个班里最早被接走的那些孩子，自信程度通常比别的孩子高，但总被第一个接走的孩子，通常虚荣心较强；而那些最晚被接走的孩子，特别是那些常常被最后一个接走的孩子，通常较内向，甚至有些自卑。所以不要总是第一个接孩子，也不要经常让孩子最后一个离开教室。

我送孩子上学，爷爷奶奶接孩子放学的状况持续到7月初。有天和朋友聊天（她家女儿和喆同学在同一个班），发现她熟悉班里的每个孩子，和大部分孩子的家长也比较熟，能很全面地了解孩子的校园生活环境。于是第二天，我提前定稿，直接去接孩子。我赶到时，喆同学正拉着小火车去洗手。看到我，他眼神放光，大声指着我跟老师说："老师老师，你看看，今天我妈妈来接我了！"一边说，一边跳跃着走路。那样的开心，可以用欣喜若狂来形容。回来的路上，他还搂着我的脖子说："妈妈，以后都来接我好吗？"

听到孩子这话，我有点儿心酸——写稿子的时间可以调整，学习的时间可以调整，接孩子放学，是错过一天少一天了。

从那之后，我开始坚持每天接送孩子。慢慢地，我知道了他的好朋友是谁，了解了他白天上课的情况，知道了他每天午睡多长时间……这些情况，大多数老人不会详细了解，在他们心里，孩子没受伤、没受委屈就可以了。

后来某天，我陪孩子在教室里玩。朋友当天有事加班，让我告诉她女儿今天由爸爸来接。在我向小女孩解释妈妈为什么不能来时，刚刚3岁的她很生气地说："你不用跟我说这些，我都知道！"很明显，她对于妈妈不来接很介意。哪个孩子都会介意吧？妈妈亲自来接，是一种仪式，也是自己在妈妈心中很重要的铁证。

我把情况跟朋友说明，她决定先来接孩子，等孩子睡了再加班。结果坏事变好事，朋友和老公一起来接女儿，小女孩非常高兴，一手拉爸爸一手拉妈妈，自豪地跟喆同学说："我爸爸妈妈都来了。"

喆同学跟我说："明天爸爸也来接我吧？"

我说："好啊，妈妈和爸爸商量一下，每周保证有一天一起来接你好不好？"

如果不小心接孩子太晚，爸爸妈妈一定要跟孩子道歉并解释原因，让孩子明白自己不是故意忽略。

放学后，爸爸妈妈一起来接，不仅有陪伴、有爱，还有十足的安全感。爷爷奶奶、姥姥姥爷的爱不可能完全代替父母的爱，所以当孩子入园，工作再忙，身为父母也尽量多接孩子几次吧。不然孩子看到别的小朋友被爸爸妈妈接走，而自己一直由老人来接，会觉得不被爸爸妈妈看重，甚至会有被遗弃的感觉，由此带来的失落和伤感会影响孩子一生。

接送孩子需要注意的问题

接喆同学时，我发现老人接孩子过程中往往会拿着各种零食，有的还带着饮料。他们这么做的原因是：孩子在幼儿园一整天，吃不好、睡不香，家里还不给补补？

爱孩子没错，但零食和饮料对孩子的生活习惯坏影响太大：小朋友知道会有零食吃，在幼儿园吃晚饭就会应付了事；小朋友知道放学有甜水喝，午睡醒了就开始拒绝白开水……

喆同学也存在这种情况，我接他放学的头几天，他每次都问："妈妈，你给我带甜水了吗？为什么爷爷给我喝甜水，你不给我喝呢？"

所以，接孩子时，切忌因补偿心理让孩子吃太多不健康的零食或喝太多饮料。

回家路上，爸爸妈妈要主动和孩子沟通：今天玩得开心吗？吃了什么好吃的？有没有认识新的好朋友？老师都和你们做什么游戏了？……

有必要的话，可以向老师要一张课程表，如果幼儿园的手工课或游戏在家里也能进行，可以作为亲子项目保留。如果有外教课，外教老师教的歌或单词，父母也可以自己学会，随时随地在家里创造机会，给孩子磨耳朵。

爸爸妈妈是孩子的后盾，当孩子入园，我们不必过分紧张，但有些注意事项，一定要提前知道，这对孩子的适应能力以及心智发展都会有所助益。

孩子做家务奖励钱，这样做真的好吗

奖励≠“利诱”

邻居轩妈问我：“昨晚轩轩回来跟我抗议，说他同学在家扫地一次能得到3块钱的零花钱，为什么我不给他？还说我是个小气的妈妈。孩子做家务，到底该不该付费呢？”

她的问题，让我想起初中时的一件事。那年寒假，下了一场大雪，全家总动员，也需要整整一下午才能清理完屋顶、院子以及大门口的积雪。

我想买两本言情小说，零花钱不够，就想着用劳动换取。当妈妈提出让我参与扫雪时，我问：“我牺牲做作业的时间扫雪，能给我点儿钱吗？5块钱就行。”我妈还没说话，很少批评我的爸爸直接拒绝：“屋子你要住，院子你要用，大门前的路你要走，给自己干活，要什么钱？”

我无言以对。

当时，我很多同学的父母，为了让孩子多干活，通常选择物质或金钱奖励：洗碗一次5毛；扫地一次5毛；考班里前3名，奖励一个10块钱以内的玩具……

这种奖励的方式，导致的直接结果就是同学觉得活儿是给父母干的，学习也是为了给父母一个交代，当父母的“利诱”并非自己所好，就往往选择逃避。

我和轩妈说：“和孩子讲道理，告诉他零花钱不够，可以和爸爸妈妈商量适度增加，但家务活一家三口都有义务做，没有付费这一说。”

当孩子学会讲条件

朋友茜妈和我说，女儿茜茜不爱吃饭，每次体检，身高体重都接近下限。为了让女儿长高长胖，茜妈每次都用饭后甜点引诱孩子多吃几勺饭。孩子2岁半时，办法失效了——有次茜妈刚说：“吃完饭咱们就可以吃蛋黄小饼干了哟！”茜茜马上把头扭一边：“不爱吃饼干！”

喆同学也有过类似情况，比如，有次肺炎前前后后持续了3个多星期，恢复期胃口并不好。奶奶为了让他多吃点儿，会拿他最爱吃的糖果做诱饵。结果孩子拿捏住了爷爷奶奶的软肋，哪天没有糖果，就拒绝吃饭，还学会了讲条件：“奶奶，我吃一口饭，你给我一块巧克力好不好？”

当我们用贿赂或诱惑来让孩子按大人的意愿行事时，除了会让孩子学会讲条件、钻空子，也间接表达了对孩子的不信任和俯视，当孩子察觉到大人的“伎俩”，会出现抵触情绪甚至气馁的行为。

一个朋友家的孩子，已经上小学五年级，为了让孩子打扫自己的房间，朋友威逼利诱，各种方法都试过了，还是不起作用，她“百思不得其解”。

一个周末，我们一家三口去她家作客。到她家时，她女儿正收拾自己的房间，还热情地叫喆同学去她房间参观。原来，朋友刚刚把打扫房间的奖励由10块钱涨到了20块钱。打扫完，朋友按约定给了她20块钱的零花钱，接着小声跟我说：“每次她打扫完，我都得重新打扫一次，有时候真觉得不如我直接动手。”

她女儿并没听到妈妈的这句嘀咕，但朋友居高临下的情绪女儿一定能感觉到——既然我做的你看不上，我也没必要上心，反正我打扫房间，只是奔着那20块钱去的。

让孩子感受到自己的价值

著名的心理学家鲁道夫·德雷克斯说："满足感要通过贡献与合作得到，当我们忙着通过奖赏赢得孩子与我们合作时，事实上我们剥夺了孩子从生活中得到的基本满足感。"

每个孩子从来到这个世界起，就是独立的个体。他的每一点进步：抬头、翻身、独坐、爬行、抓握、行走，都是在为日后脱离父母而准备。他的安全感，除了来自爸爸妈妈无条件的爱，还构建在对家庭的贡献上。

当孩子还小，我们不放心他自己吃饭，怕他弄脏了衣服或地面，便不厌其烦地喂食；当孩子还小，我们不放心他自己倒水，怕他倒洒了带给我们麻烦，便不厌其烦地代劳；当孩子还小，我们怕他受伤，有一丁点儿危险的家务（洗碗、收拾桌椅等）都拒绝让他做……

这些行为，表面上都是爱孩子，但实际上给孩子传递的信息是：你不行，你做不了，你不会干。

当孩子已经养成"爸爸妈妈替我做事"的习惯，我们又觉得他太懒，为了让他变成勤快、理解父母辛苦的乖孩子，往往又急功近利，用成人世界里的物质奖励去刺激孩子。

实际上，当孩子还是小宝宝时，都有非常强烈的愿望和爸爸妈妈一起做事。只是他发自内心的热情，被我们当成了"麻烦"。比如，当我们洗衣服，一两岁的孩子，是不是特别主动要求一起洗？而我们的做法，往往是把他们赶走，因为他们在身边就是大麻烦。原本，这是一个很好的让孩子参与做家务的机会啊！只要让孩子和我们一起倒洗衣液，孩子就感受到了自己的价值，就找到了生命最原始的成就感。

所以，如果你的孩子还小，请好好呵护他想自己刷碗、倒牛奶、穿尿不湿、叠衣服、扫地、开门、倒垃圾的意愿，他是真心想参与到家务中来呢！如果孩子已经错过了家务敏感期，则最好不要经常用物质奖励来刺激孩子做家务，一点一点培养他们做家务的主观能动性才是根本。比如，妈妈可以向孩子求助："妈妈希望能和你一起打扫客厅。"或者让孩子自由选择想打扫自己的卧室还是公共区域，慢慢让他接受这样的理念：自己是家庭的一分子，在要求主权的时候有义务和爸爸妈妈一起承担家务。

当孩子觉得家务活是自己的事，接下来的一切将变得简单。

上幼儿园，孩子穿衣有学问

每天去接喆同学，幼儿园的场景都是混乱的：

二十几个小朋友排队站在教室门口，翘首以待，等家长来接。接到孩子的家长想向老师多问问孩子当天的情况；排在后面的家长着急接孩子，“交通拥挤”是每日常态。到了换鞋处，孩子们被规矩束缚了一天，这会儿终于可以尽情释放自己的“洪荒之力”，蹦啊、跳啊、唱啊……

我们看一个孩子都累得不行，可以想象，两个老师加一个生活老师，照顾二三十个孩子得有多累、多辛苦。虽说孩子在老师跟前会比在家长跟前乖一些，但一会儿你碰我了，一会儿他的东西掉了，一会儿尿裤子需要换干净衣服了，老师工作量也是相当大。所以，在力所能及的范围内，我们其实可以花点儿心思，帮助幼儿园老师减少工作量，比如穿衣细节，只要稍微注意，就能帮老师和孩子规避许多风险和麻烦。

高危预警：这些衣服坚决避免

◆带绳连帽衫

不仅容易在嬉戏中被别的小朋友拉倒，更容易在玩滑梯、攀爬等室外活动中引发意外事故，给孩子带来生命危险。所以购买衣物时一定避免这类上衣，如果已购置的衣物有绳，把抽绳拿掉再给孩子穿。

◆围巾

道理同带绳连帽衫。

◆带铆钉、小亮片的衣物和饰品

小班的孩子尤其要避免这类衣物，万一饰品上配件脱落，被别的小朋友误食，后果不堪设想。

◆容易散落的小颗粒附件

最怕孩子塞入鼻孔，或者被更小的幼儿吞咽。

◆带拉链的下装

对于精细动作还没完全发育成熟的孩子来说，拉拉链的过程很容易夹到皮肤，小男孩更容易因此受伤。

中级预警：这些衣服尽量不要穿

◆背带裤

喆同学不到1岁时，我没忍住，给他买了一条背带裤。好看是好看，但因为没有腿部按扣，每次换尿不湿都是大麻烦。亲妈都嫌麻烦的事，就别给老师找麻烦了，因为即使是大班的小朋友，也不见得能自己系好背带。

◆带扣子的裤子或裙子

幼儿园注重孩子自理能力的培养，中午起床都会让孩子自己穿衣服，然后进行下一项集体活动，孩子如果因为扣扣子而耽误了时间，会有挫败感。

◆紧身衣

紧身衣服小女孩穿得比较多，一是容易给孩子的身体造成压迫，二是孩子无法轻松穿脱，最后又成了老师的工作。

◆短裙或短裤

天冷时基本不用考虑这个问题，夏天尽量让孩子穿肥瘦合适的七分裤，不然膝盖容易挫伤，白嫩的小腿也会成为蚊虫叮咬的对象。

◆长裙

孩子自己行动不便，万一绊倒自己，容易碰伤别的小朋友；奔跑玩乐时，别的小朋友也容易踩到裙边，引发意外事故。

初级预警：这些细节多注意

◆太宽松的裤子

幼儿园的卫生间多采用蹲坑设计，如果小女生的裤子过于肥大，小便时容易弄脏裤角。

◆前后不分的裤子

有一天喆同学回来，我发现裤子是前后反着穿的，幸好是运动裤，正穿反穿都不至于不舒服。为避免这种情况发生，我在裤子正面缝上了名字贴，这样就容易区分了。

◆系带鞋

大班小朋友多半不会系鞋带，为避免给老师添麻烦，鞋子尽量选魔术贴或一脚蹬的。

◆小饰品

项链、手镯、塑料戒指等饰品，最好不要佩戴，万一破损，照顾不周，也会引发危险。

◆太复杂的发型

一个做幼教的朋友说，有的小女孩上学时会梳四五个辫子，午睡醒了发型全乱了，有时候给一个小姑娘梳头就要用20分钟，内心是崩溃的。所以小朋友上学，如果是长发，发型别弄得太复杂，不然午睡后老师没时间梳得那么漂亮，对于要求完美的小朋友来说，会造成情绪低落甚至哭闹。

孩子去幼儿园的着装打扮，简单概括，就是一句话：简洁大方，方便穿脱。比如，上衣选领口弹性大的，裤子选针织松紧带的，鞋子选一脚蹬或者魔术贴的，等等。从某种角度来说，孩子能够自理，不多给老师添麻烦，也有助于老师保持良好情绪面对孩子们。

几个小技巧，让孩子乖乖刷牙

很多爸爸妈妈都觉得给孩子刷牙是一场“战争”。

不说刷牙前的准备工作，仅仅让淘气包张嘴，都能让人抓狂——人家可是自由派，当时嘴张开了，等你拿来牙刷，又“翻脸无情”，说“我不想刷了”。在刷牙过程中，又会出现紧紧咬着牙刷不放、把牙刷推出口腔说“我先吃点儿牙膏”、自主意识的小火苗乱蹿非要自己掌控牙刷、还未刷完就把牙刷甩到地上等状况。好不容易刷完了，漱口又是新一轮挑战：要么直接说“我不漱口”，要么自己端着漱口水一下子倒进嘴里把全身弄湿，要么非要喝应该吐出去的漱口水……

我家喆同学，是上述行为集大成者，运动细胞又很发达，想让他安静地站在那里刷牙，希望渺茫。他已经有3颗龋齿，为了这项艰巨的任务，我和喆爸见山开路，遇水搭桥，倒也摸索出一套有趣的“刷牙大法”。

固定睡前程序

孩子的秩序感很强，在他的小脑子里，什么事该在什么时间做有个固定章程。

我们家的睡前程序一般是：看15分钟左右的动画片或听15分钟左右的儿歌、洗脸、刷牙、讲故事，一般进行到洗脸环节，孩子就意识到下面该刷牙了，这时即便会要求进行别的活动，也能控制在两三分钟内。

孩子的龋齿有3颗，其中两颗比较严重，自己刷牙清洁不彻底，所以从1岁半起，就由我给他主刷。

绘本引导

喆同学2岁9个月，接触到的关于刷牙的绘本有：《小熊宝宝绘本系列之刷牙》《鳄鱼怕怕，牙医怕怕》《牙齿大街的新鲜事》。小熊宝宝系列负责引导他良好的刷牙习惯；《鳄鱼怕怕，牙医怕怕》让他明白牙齿的治疗过程；《牙齿大街的新鲜事》则让他明白牙齿为什么会坏。

给孩子讲解这些绘本的年龄段分别是1岁左右、2岁左右、2岁半之后，随着年龄的递增，故事复杂程度渐渐增加。

将刷牙讲成故事

这个过程，也要随着年龄的变化不断调整“战略战术”。

◆1岁半以前

我会模拟小熊宝宝绘本里的场景，自己先刷完牙，然后让喆同学当小熊。我会问：“小熊小熊，你是不是忘了刷牙就出来找我玩了？”他一般都会回答：“是啊是啊。”我再问：“你是不是想回家刷完牙，再出来找我玩啊？”

在我的心理暗示以及秩序感的双重驱使下，刷牙过程会顺利完成。那会儿孩子小，思维也简单，就算中间有不情愿，我稍加引导也就顺利度过。

◆1岁半～2岁半

这个阶段，做主角的是《鳄鱼怕怕，牙医怕怕》。

此时，喆同学因为牙齿问题看过3次牙医，其中两次是捆绑式检查，加上绘本里关于治疗过程的描述，他已经很清楚治牙并不舒服。这个年龄段的孩子，思维变得复杂，自我意识强烈，刷牙这事，主动权不再像以前那样容易把控。

这个阶段，我和喆爸在引导孩子刷牙过程中有着高度默契。有一次讲完绘本，喆同学突然说："爸爸是医生，妈妈是护士好不好？"我灵机一动："好啊，那你是小鳄鱼，咱们表演一下小鳄鱼怎么治牙好不好？"一听说要玩，孩子兴趣立刻来了。

这时，我会给喆同学一个选择的权利："你是想让医生帮你治牙呢，还是想让护士帮你治牙呢？"

因为有选择权，喆同学感受到了被尊重，就会选择自己想要的那个人。接下来我们就会模仿绘本里的过程，刷刷上边，刷刷下边，刷刷左边，刷刷右边，一边刷一边说："呀，这颗牙齿有点儿黑了，得多刷几下；这颗牙齿刷完，白了好多，都变漂亮了……"

一次台词变换，能引来孩子大概半个月的积极参与，靠各种故事情节引导，顺利度过。

◆2岁半之后

因为要上缓适班，喆同学进行了全面体检，体检时发现之前的两颗龋齿已成小洞，需要进行修补。我提前做了大概10分钟工作，又一直在旁边陪伴，喆同学表现很好，不哭不闹也不动。看着他小小的身躯躺在床上，明明心里恐惧，还安慰我："妈妈，我是男子汉，我勇敢，我不哭。"我一下子鼻子发酸，握着他的小手说："咱们好好配合医生阿姨，如果你觉得不舒服了，就捏一下妈妈的手，咱们休息一下再治疗。"但他真的很棒，两颗牙补下来，中间没有任何中断。

那天回家，我开始给喆同学讲《牙齿大街的新鲜事》，故事有些复杂，我尽量用简单的句子描述，他牢牢记住了哈克和迪克。当天晚上刷牙时，他突然问："妈妈，是给我抓哈克和迪克两个坏蛋吗？"我说："是呀，把他们冲到下水道，他们就不能在你牙齿上打洞了。"就这样从哈克和迪克抓起，一直抓到哈克的爸爸妈妈、哥哥姐姐、弟弟妹妹、大姨小姨、姑姑姑父……刷牙的同时，他还接触了从未接触的家庭成员的称呼。

当然，也有失效的时候。比如刷完牙，他突然把牙刷甩到地上，我会及时说：“这是你的武器，牙齿警察还要站在牙刷上去抓哈克，你把牙刷摔疼了，它不和你玩了怎么办？”

有一次，他不愿意漱口，躺在床上耍赖。我去拿水时，无意中说了句：“让我猜猜我儿子是躺着呢还是坐着呢？他肯定是躺着呢！”等我回过头，发现一直赖着不起来的他，正坐着对我坏笑呢！他一边笑一边说：“妈妈猜错了，咱们再来一次吧，你猜我是坐着还是躺着呢？”于是，让他坐起来漱口这件事，因为这个小游戏变得简单起来。

每个孩子都有喜欢的绘本和故事，只要爸爸妈妈用心，肯定能找到让小淘气乖乖刷牙的好方法！

一副扑克牌，让孩子喜欢上英语和数学

一次，带喆同学去公园玩，他在地上捡树叶，从1开始，数了快50片树叶，接着又用英语把那堆树叶数了一遍。旁边一个年轻的妈妈问："你家孩子多大？"我说："2岁10个月。"那妈妈很惊讶："我以为快4岁了呢，数得这么好。"

喆同学现在身高已经1米多，看起来确实显大。但他对英语和数数的兴趣，则来源于可能每家都有的一个东西——价值四五块钱的扑克牌。

最开始结识扑克牌，是下雨天不能出门，爷爷哄着孩子玩，那会儿喆同学还不到1岁。当某天我发现他能清晰说出所有牌上的数字时，不禁想，通过扑克牌能认识数字，如果是有动物图案或水果图案的，是不是能寓教于乐地培养他的其他认知啊。通过亲朋好友的帮忙，我搜寻到了三副牌，一副是水果图案，一副是动物图案，一副有各国的国旗（当然对于1岁多的小宝宝来说，认国旗太复杂，我只是用来让他认颜色了）。

于是，小小的扑克牌，成为喆同学1岁半左右时最重要的玩伴，并发挥了数个教具功能。

◆认识数字1到10

满足这个功能非常简单，随便一副牌都可以，而且随时随地可以进行。我们去海边时，就带了一副，在车上和他打扑克玩，当时他虽然分不清大小，但一样乐开了花。

◆认颜色

没找到印有各国国旗那副牌之前，喆同学也认识白色、红色和蓝色。但有了那副牌，颜色丰富了很多，而且对于图案上那些长方形、圆形、五角星都有了明确的认知。在教他这些时，我们是在游戏中进行的，比如，我拿到一张牌，正面对着他，我猜颜色，猜错了他会觉得好玩，很有兴致地帮我指出来。

◆识水果

牌上50多种水果，没有刻意教他，慢慢就认全了。有时候喆同学故意逗我，随手拿一张牌问我："妈妈，这是什么？"我假装不认识或故意说错，让他教我，当老师的成就感，让他一次又一次重复这个游戏。

◆英语数1到13

这个要归功于喆同学自己的发现。那会儿他开始上英语早教课，有次一张牌掉在地上，他捡起来说："妈妈这是个A，A就是one，对不对呀？"于是我借势，把其他的牌也教他用英语表达。

◆比一比，赛一赛

1岁多的孩子，有个阶段特别爱扔东西。喆同学也是，有几天，他特别爱把扑克一股脑儿扔地上，然后让我去捡。我说："咱俩一起捡好不好？比赛一下，看谁捡得多、捡得快。"不明白比赛含义的他很开心地答应，当然我有时候会故意输给他，让他的成就感得到满足。

捡完牌，我俩坐在床上，先让他用中文数一遍自己手里的牌，看看到底捡了多少张；再让他用英语数一遍我手里的牌，看看谁的多。慢慢地，他就能用英语数到50了。

◆找同类

这个兴趣的培养，源于他偶然间发现了爸爸在手机上玩"斗地主"，觉得连对、三带一、四个一组的炸弹很好玩。有次他自己把牌取出来，找了两张6，说："妈妈妈妈，看看我有一对6。"

从找对子开始，升级成找三张一样的牌，再到最后找四个一组的炸弹，孩子挑牌的速度越来越快，专注力也日渐提升。

◆比大小、接龙

认识数字之后，这两项教起来很简单，孩子明白2比1大，3比2大，就会类推后面数字的大小。当明白各个数字之间的关联性，接龙玩起来就顺理成章了。

旅行的意义

不止一位朋友在微信或公众号后台留言问我：假期去哪里玩啊？临近国庆，身边的朋友也有邀约，但我经过再三考虑，一一谢过并推辞了。

国庆7天，1日在家和好友相聚，两个小朋友玩得热火朝天；2日去念坛公园划船、玩滑板车；3日去前门老胡同转悠，感受国庆气氛；4日去南海子公园踢足球、骑自行车、看麋鹿……

出生这3年，喆同学远的地方去过山东、河北、天津；近的去过北京各大公园：天坛、地坛、日坛、景山、北海、龙潭湖、大观园、颐和园、圆明园、动物园、中山公园、玉渊潭公园、奥林匹克森林公园等。

我很羡慕朋友们可以拖家带口来一场说走就走的旅行。看他们身处世界各地，我也曾经蠢蠢欲动，想给喆同学办护照，带孩子体验一下“诗和远方”。但身为一个非常好动、思维跳跃的男孩的妈妈，我又十分清楚，远途旅游注定把快乐的外出演变成一场麻烦——

◆孩子无法长时间保持安静

远一些的旅行，我都选择自驾，比如每年两次的南戴河之行，最短的车程4小时，最长的车程9小时。喆同学在安全座椅里的安静状态最长能保持2.5小时，所以每两个小时我们都要在休息区停靠，让他下车透透风。

如果坐动车或飞机，当孩子无法保持安静，满车厢或满机舱乱跑乱跳、乱哭乱叫，我们却无计可施时，他绝对成为别人眼中的“熊孩子”。而不给别人添麻烦、不影响别人，是我们应该传递给孩子的最基本教养。

◆孩子不愿意自己走

从2岁开始，有相当大一部分孩子不愿意坐婴儿车，喆同学就是这个群体中的一员。不愿意坐车，可走不了多远的路就累了，要求爸爸妈妈抱——抱着二十几斤的宝贝走街串巷，对我来说绝对不是诗意，而是崩溃的体验。

◆时间不自由

现在工作节奏快，并不是每个公司都能随便请假，对于一些宝爸宝妈来说，连续请一周假很难，夫妻俩在同一时间段一起请年假更是难上加难。而想带孩子好好体验某个地方的风土人情，至少待三五天才行。

十一这样的小长假，国内又到处人满为患，想有良好的亲子旅游环境只能选择出境游。而出国自由行，对宝爸宝妈的外语水平、应变能力又是一大考验。

旅游这么麻烦，干脆不带孩子出去好了！当然不行，旅游对孩子的好处显而易见——

人们也许不记得你说过什么、做过什么，但会记得你带给他们的感觉。这些说不清道不明的感觉，会贯穿人的一生。如果从孩提时代，就让孩子不局限于固有的生活圈子，接触更大的世界，遇见更多的人，就会对大千世界有更客观、更全面的认识。

所以，对于4岁以前且自控力不怎么好的孩子，如果要长途旅行：

一要提前对孩子的“杀伤力”做一个评估，比如，能不能执行大人的指令，会不会因疲倦而哭闹，进而影响周围的人；

二是目的地选择上尽量以自然风光为主，如海边、水乡、野生动物园，当绘本里的大海、沙滩、动物呈现于眼前，现实和想象一下子融为一体。

文化底蕴太浓厚的人文景观不太适合小宝宝，比如有个妈妈带孩子来北京玩，问我要不要带2岁半的孩子去逛故宫。我直言去故宫不如带孩子去颐和园划个船——这么小的孩子，连皇宫、皇上的概念都没有，对宫殿也许根本提不起兴致。

孩子4岁以后自控力大大提升（有的孩子节点会提前或滞后），在时间允许的情况下，可以多做一些长途旅行计划。如果能和孩子喜欢的绘本、动画片结合起来最好不过，一则可以让想象和现实相结合，二则提升孩子的旅行兴致。“读万卷书，行万里路”，可以增加孩子的见识，加深他们对生活的观察和思考，拓展他们的人生宽度和广度。

带孩子去旅游的理由有千百个，而不带孩子去旅游的理由也有千百个。到目前为止，关于旅游，有一句广告词最打动我：love & together。

带着孩子，和爱的人一起，提前为即将到来的旅行忙前忙后，准备旅行要带的必需品，这是旅行的意义；

带着孩子，和爱的人一起，第一次全家一起坐火车、乘飞机，这是旅行的意义；

带着孩子，和爱的人一起，去未曾到过的地方，体验一种全新的生活，这是旅行的意义；

带着孩子，和爱的人一起，听一听从未听过的方言，吃一吃从未吃过的街边小吃，这是旅行的意义；

带着孩子，和爱的人一起，不为炫耀，只为内心的感受和丰盈去看世界，这是旅行的意义……

孩子的玩具被损坏，这位妈妈的做法价值百万

无意的破坏也需要补偿

夏天去海边，认识了同住一层的三口之家，爸爸妈妈都曾出国留学，3岁的女儿小森也彬彬有礼。熟悉之后，我们经常带孩子一起去海边游泳、玩沙子。

一天上午，我们一行10个大人、5个孩子一起去海边捡贝壳、挖螃蟹。玩着玩着，小男孩丁丁突然去抓小森水桶里的皮皮虾，小森自然不让，丁丁接着用双手拉住了小森的水桶……丁丁妈妈前来阻止，也没能把冲突降级：小桶的拎手掉了，桶里的小鱼、小虾、贝壳散落一地，小森和丁丁同时大哭……

小森妈妈把小森抱起来安抚情绪，丁丁妈妈也抱起丁丁，跟他说抢别人东西不对。小森的爸爸用最快的速度把散落在沙滩上的小鱼、小虾捡起来放生。他把贝壳放回小桶后，试图将拎手重新装上，但衔接处已经裂开，无法复原。

几分钟后，两个孩子情绪都平静下来。丁丁在妈妈的引导下，过来给小森道歉。小森的妈妈蹲下来问小森："丁丁来道歉了，你要不要原谅他？"

小森想了想，说："我要我的小桶，黄色小桶。"

妈妈说："可是，它已经坏了。"

小森眼圈又红了："丁丁赔我一个。"

小森的表达很清晰：要丁丁赔她一个一模一样的桶。

通常情况下，大部分家长都会打圆场，哄哄自己家孩子，要么和孩子说回头再买，要么就找个别的玩具转移注意力。让我们大跌眼镜的是，小森妈妈把女儿的意见重复了一遍：“你想让丁丁买一个一模一样的小桶给你，对吗？”

小森点点头。

妈妈又问：“买回来你就原谅丁丁了，对吗？”

小森答：“嗯。”

于是小森的妈妈站起来，对丁丁以及丁丁妈妈说：“这小桶是刚来那天在一个小超市买的，我们去看看还有没有卖的吧。”在场的所有人，都觉得小森妈妈有些小题大做，小孩子嘛，哄哄就不哭闹了。重要的是，一个小桶也就十块八块的，竟然真拉得下面子让赔。

小森妈妈提出了这样的要求，丁丁妈妈只好带着丁丁一起，去了那家小超市，买回个一模一样的小桶。接下来，小朋友还是玩得很开心，但小森妈妈和丁丁妈妈之间的气氛有些微妙。

平时，为了保护孩子的小海马，被亲戚拉黑我都不后悔（见第九章），但喆同学的玩具被人损坏，即使人家主动说赔，我也没好意思接受过——在潜意识里，我觉得被迫分享和无意破坏根本不是一个级别的错误。

孩子的性格塑造价值百万

吃晚饭时，我们先到餐馆，小森一家来了之后直接走向我们这一桌。到了丁丁面前，小森举着一个大大的海螺说：“丁丁，送给你。”小森的妈妈笑着说：“今天你和小森抢东西，大胆承认了错误，还赔给小森新水桶，是个有担当、敢认错的男子汉。以后你和小森还是好朋友，对不对？”丁丁开心地接过了海螺。那个海螺的金钱价值，远远超过一个小水桶。

回去的路上，小森的妈妈主动和我们聊起这件小事，说她在法国时，法国妈妈的处理方法都和她一样，原因有二——

第一，小朋友一起玩，发生物品损坏的状况，不是简单道歉可以解决的问题。孩子的世界，没有价值的高低，只有喜爱与否；赔偿，可以让损坏别人玩具的孩子学会承担，让被损坏玩具的孩子学会表达自己的真实想法、保护自己的权益。

第二，事情处理完毕，我们引导小森购买或者从自己的玩具里选一个送给丁丁，这让小森学会了原谅和分享，让丁丁得到了承担责任之后的鼓励。以后，小森会更愿意选择原谅，丁丁也能渐渐学会直面错误，明白不是所有的“对不起”都可以换来“没关系”。

听完这些，我陷入沉默。

我们总是用成人的价值观去决定孩子的世界，可假如那天损坏的不是一个小水桶，而是一个价格昂贵的物品，我们还会选择“不赔偿”吗？

当我们选择“没关系”时，给受委屈的孩子传递的信息是“你的情绪不重要，你的东西也不重要”，给无意识搞破坏的孩子传递的信息是“你的行为可以被原谅，妈妈可以帮你摆平一切事”。时间长了，前者慢慢失去表达自己内心的能力，后者学会了逃避责任。而表达自我和承担责任有多重要，每位妈妈都清楚。

孩子的性格塑造价值百万，感谢小森的妈妈给我上了一堂宝贵的育儿课。

面对孩子的物质欲望，家长该如何处理

——叮叮平时是个乖孩子，但出门看到自己喜欢的小水枪、气球等小物件，就走不动路。爷爷奶奶拉他走，不动；喊他，不应声；直接抱走，则当街大喊大叫，大有不达目的誓不罢休的劲头。

——看到邻居家小朋友有新电子琴，灿灿也想要，妈妈不给买，她就天天念叨："去阿姨家玩琴吧，去阿姨家玩琴吧……"妈妈怕打扰别人，只好给她花小1000元买了电子琴，结果不到一周，琴就被灿灿打入"冷宫"。

——带孩子去超市，看着花花绿绿的食物或玩具，他们会乐此不疲地一件又一件往购物车里塞，想说服他们放回去难于上青天。耐着性子劝到收银台前，孩子还是毫不妥协。此时，强行把孩子选的东西放回原处，十有八九惹来惊天动地的号啕大哭；全部买回去，又有溺爱之嫌，并且好多东西家里本来就有，纯属浪费。

| 暴力阻止潜藏心理隐患

以上场景，妈妈们是不是很熟悉？如何应对这些有"购物狂"倾向的孩子，几乎是令每个家长头疼的问题。

通常情况下，处于强势一方的父母，会暴力阻止：

"我说不能买就不能买！"

"再闹妈妈就走了！你自己在这里闹吧！"

"家里已经有一模一样的气球了，不能再买了！"

在大多数家长看来，过多顺从孩子，就是在惯着他们。一旦孩子用哭闹的方法达成一次目的，就会有第二次、第三次……事实上，当孩子为了得到喜爱的东西“不依不饶”时，家长不妥协是正确的做法。但在不满足孩子愿望的同时，不能用家长的权威去逼迫他们，而是应以平等协商的态度，让孩子获得尊重。

用孩子无法反抗的方式暴力阻止他们的物质欲望，不给别人造成困扰，确实是最快的解决方法，但这很可能让孩子内心永久性受伤。那些青春期异常叛逆的孩子，往往是小时候没得到平等对待的孩子，而到时再做心理疏导，已经为时晚矣。

如何帮孩子戒掉乱花钱的坏毛病？孩子乱花钱是不是只是任性？这些问题值得家长深思。

探究孩子的深层欲望

当孩子在大街上盯着某个东西不放，并不一定是那个东西本身吸引他了。有时候他可能只是喜欢那个色彩，有时候只是喜欢那个图案，有时候只是想去摸摸。带孩子去超市，他选择的东西，也可能只是被那些鲜艳的外观所吸引，想去看看、摸摸，或者享受一下像爸爸妈妈那样，把东西无所顾忌地丢进购物篮的过程。

绝大多数情况下，孩子只是好奇心重，并不是存心要花钱、消费。

去超市，我一般都带着喆同学去。有次他一定要一盒饼干，看我不从购物架上拿下来就可劲儿叫。我怕影响别人的购物情绪，就从购物架上取了下来。结果，他并没有强烈的要吃饼干的欲望，而只是指着上面的小熊图案说：“小熊，呆呆熊！”原来，他只是敏感地发现，上面的图案和家里的玩偶一模一样，而我错误地以为他就是要吃饼干。

对于孩子来说，再昂贵的东西，吸引他们的也可能只是其中一个小点，而且也很容易将注意力从一个东西转移到另一个东西。他们不太能分辨这个东西买来后究竟应该怎么吃，怎么玩，怎么用，只是乐于体验和大人一样的权利。

8招搞定乱花钱的孩子

◆认可孩子的好奇心

孩子的每个行为，都有深层的心理原因。爱购物，也许只是享受摸摸、看看的过程，宝爸宝妈不必过于紧张。如果你在他疯狂“购物”或痴迷于某个东西时，说上一句：“你很想摸摸（看看）它是不是？妈妈帮你拿下来好不好？”孩子得到了理解和尊重，接下来就成了“顺毛驴”——得到了快乐，身心得到了满足，逆反之心自然退居二线。此时，你再要求他放弃，就变得简单许多。

◆以身作则

身教胜于言传，如果宝爸宝妈本身就爱购物，整天网上购物，快递不断，家里堆满了弃之不用或即兴购买的可有可无的东西，自然不能说服孩子不乱花钱。

相反，如果家庭成员以身作则，遵循断舍离原则，只买有用的东西，孩子也会跟着学习“实用至上”的原则。

◆不强迫放弃，也不纵容购物

去商场也好，去超市也罢，提前询问孩子有没有想要的东西。如果孩子只列举一两种，并且是必需品，就记下来由孩子自己去挑选。如果孩子的愿望过多，就和他一起分析买和不买的理由，慢慢培养孩子购物的计划性。

如果孩子在商场一定要买计划之外的东西，宝爸宝妈一定不要自作主张，强迫他把东西放回去。先商议，告诉他这是计划之外的东西，拟定计划时并没有这一项，如果选择购买，就要从下一次的购物计划中去除一项。比如一次购物，孩子可以选择两种物品，他这一次超指标买了3种，那么下次只能选择1种。

假如这个计划得以严格执行，经过令人懊恼的磨合，你会发现和孩子购物是件快乐的事。并且，孩子在这个过程中也懂得了“规则”的魔力。

◆让孩子明白信用卡的含义

孩子爱买东西的原因之一，是只享受购物带来的乐趣，而对需要付出的代价不甚清楚。用现金固然是一种让他明白交易的渠道，但在现代社会，孩子要懂得方方面面的知识。宝爸宝妈们可以在还银行信用卡账单时，让孩子看看电子账单，告诉他所有的支出尽管看不见摸不着，但爸爸妈妈每个月都要在固定的时间，用工资来还卡账，让孩子知道信用卡的真正意义。

◆鼓励孩子感受爸爸妈妈的忙碌

遇到公司组织家属参观工作场所，一定要鼓励孩子参与。孩子看到爸爸妈妈的工作场所，看到爸爸妈妈忙碌的身影，会明白自己的衣食住行，都不是天上白白掉的馅饼。

◆让孩子自己支配零花钱

可以从3岁上幼儿园开始每周固定给孩子零花钱，让他自由支配。小件可以自己做主，用零花钱购买；大件如果必要，可以申请爸爸妈妈的经济援助。同时建立月底开家庭会议的习惯，会上爸爸妈妈公布自己当月的花费，孩子也说说自己的亏空和节余。这样不仅让孩子花起钱来有所计划，更能培养他的理财意识。比如这个月的零花钱没用完，宝爸宝妈可以设立奖励基金，鼓励孩子更有计划地安排自己的零用钱，或鼓励孩子用自己的储蓄购买更想得到的物品。

◆教会孩子放弃

价格昂贵的东西，像乐高玩具、滑板车之类的大件，宝爸宝妈们一般会当成礼物送给孩子。而如果让孩子觉得这些东西可以通过自己的努力得到，就会激发孩子的理财意识，也让他更有成就感。比如，让孩子明白，如果将来想拥有一辆玩具小汽车，就不得不放弃水枪、贴纸和曲奇饼干。得与失之间，存钱的习惯自动养成，也会让孩子明白想得到一些东西，必须放弃一些东西的道理。

◆带孩子去贫困地区走一走

旅游，不仅仅是去风景秀美的地方看看，更是给心灵的洗涤。如果有条件，可以带孩子去贫困地区或福利院做做义工，让他明白，这个世界上，还有这样一群孩子，没有爸爸妈妈的疼爱，过着另一种生活。

告诉孩子，如果愿意，他可以把自己买变形金刚的钱省下来，给弟弟妹妹买彩笔或绘本，培养孩子的爱心。一个善良且计划性极强的孩子，谁都会喜欢。

送人旧衣服，怎样做才让自己和别人都舒服

| 旧衣服引发的不愉快

好友M跟我在微信上聊天，说了一件糟心事。事情是这样的，M回老家小城时，偶然的机会和高中同桌Z相遇，因为高中时关系要好，两人相谈甚欢。

M家孩子3岁，Z家孩子1岁多，两人的宝宝都是男孩。当了妈妈以后，谈起各自的宝宝，自然刹不住车。说到现在养个孩子太费钱，小孩的衣服甚至比大人的还贵时，M想着自己也不打算生二胎，亲戚这边也没有穿自家孩子二手衣的宝宝，便问Z介不介意让孩子穿旧衣服，Z愣了一下，笑着说："不介意不介意，小孩长得快，旧衣服还更柔软呢！"M回深圳后，真把自己家孩子穿小的衣服打包，给Z邮寄了过去。因为工作太忙，加上觉得老同学的关系，她没有仔细挑选就把包裹给了快递。四五天后，Z突然在微信上问M要详细地址，说她老公不喜欢孩子穿别人的旧衣服，要把M寄过来的衣服原封不动地寄回去。

M愣了，不明白原本说不介意的老同学，为什么忽然之间态度180°大转弯，而且语气完全不似当初的热络，隔着上千里，都透着寒意。事情过了许久，M才辗转从别的同学那里得知Z生气的原因：她原本觉得M起码会夹杂着几件新衣服寄来，谁料想全是旧的不说，有些衣服甚至还带着明显的菜汤等污渍，便觉得M仗着生活在大城市，瞧不起自己……

原本一片好心却毁了M和Z友谊的小船。

其实，很多妈妈都有过送别人旧衣服或接受别人旧衣服的经历，这种事，但凡施与受双方考虑不周或过于敏感，就会发生不愉快。

我身边的朋友，也发生过M和Z遇到的类似经历，性格极端的，还会把脏衣服或变形衣服的照片拍下来发朋友圈。将心比心，如果我是被给予的一方，看到那样的衣服，心里可能也会有些不痛快：明明是一件挺好的事，为什么不用点儿心，把过旧过脏的衣服挑出来呢？而站在另一角度，我也会想，不管如何，给衣服的人也是出于好心，何必把事情弄得太僵呢？偷偷把不喜欢的剪了，打扫卫生时擦地也行吧？

送衣服也有技巧

看来，送人旧衣服这事，真不是那么简单，简直是对施与受双方的情商考验。

在仔细观察了几个在旧衣处理方面具备高情商的朋友后，我渐渐总结出一套心得：

如果想送自己孩子的衣服给亲朋好友：

● 先询问对方能不能接受，别人如果拒绝，不要觉得人家不识好歹，你觉得是好事，人家可能觉得接受了就是负担。

● 挑选出八成新以上的，洗干净、叠整齐、放到干净袋子里，这些衣服你倾注过感情，它们见证孩子的成长，你要把爱惜的态度传递给其他人，想着可以有人继续替我们爱这些美衣，是不是心里也美美的呢？

● 如果有时间，拍拍图，通过微信或QQ传给对方，让他们挑选，旧衣也要符合对方宝宝的气质和审美，这也表达了你对对方的尊重。

● 不要觉得自己是在给予，而是物尽其用，感谢对方帮自己家腾了地方，豁达一些，才能少些计较。

● 东西给出去，所有权就归别人，对方怎么处理，都和自己再没关系，不要因对方的行为方式不符合自己的预期而愤愤不平。

● 给人衣服，尽量私底下进行，每个人对自尊的定义不同，尽量别把这事弄得人尽皆知。

如果有人问自己要不要孩子的二手衣：

● 不想要直接拒绝，不要怕别人觉得自己事多，拒绝力也是高情商的表现。

● 不排斥二手衣，拿到手发现衣服不适合自己家孩子，先谢谢对方的慷慨，再问问对方有没有更合适的人送，如果没有，再自行处理。你的尊重，别人能感觉得到。

● 请表达对衣服的喜爱。对于妈妈来说，每件衣服可能都经过精挑细选，所以如果自己家孩子穿上别人送的二手衣，给对方发个照片表示感谢。如果有可能，和对方见面时，可以穿上他送的衣服，你的喜爱，对送衣服者来说是最大的满足。

● 如果衣服购买时的价格高，节日时给对方孩子买点儿礼物。任何一种感情，有来有往才更长久。

● 千万不要觉得别人送你二手衣理所应当，更不要觉得反正东西在别人家里放着也白占地方，很多网站都有二手交易板块，有些二手衣服，价格可能并不低。

送旧衣，接受旧衣，看起来简单，但如何既让自己舒服也让别人舒服，却不那么简单。结合自身情况，遇事考虑周全，才能把旧衣送得愉快，接受得更愉快。

用对方法，轻松化解孩子的磨蹭顽症

| 你有没有被孩子的磨蹭打乱过计划

我和喆同学吵架了。

那天下着雨，我从幼儿园把他接出来，赶着上英语课。一天没见，他撒娇要我抱。我一手抱着他，一手拎包打伞，从幼儿园到马路对面的停车场，虽路程短短，却寸步难行。我跟他商量，这样妈妈走不动，搞不好咱俩都会摔到泥里，能不能穿好雨衣跟妈妈手牵手走？他就一个字，不！我耐着性子反复商量，孩子终于同意，于是放他下来急急忙忙给他穿雨衣。问题又来了，他一定要自己扣扣子！我打着伞，看他一双小手笨拙地扣着扣子，怎么都扣不上。幼儿园门口禁止停车，此刻他爸爸正在停车场等我们，英语课还有15分钟就要开始，而开车过去最快也要10分钟……我试图跟他解释时间有多紧张，他头也不抬，完全不理会我。我忍无可忍，蹲下身迅速帮他扣好所有扣子，拉着他快步奔向停车场。他顿时大哭："为什么不让我自己扣？你是个坏妈妈！"

直到上车，喆同学都在号哭。结果，英语课迟到，整堂课他都情绪不高，跟老师没有任何互动……因他的小执拗而耽误行程，不是第一次发生；母子间由此引发的冲突，也不是最严重的一次。而每次过后我都很懊恼——

矛盾的根源，不过是大人安排好了日程，孩子却固守自己的节奏。当孩子打乱我们的计划，怎样才能心平气和，一边尊重孩子的意愿，一边不耽误自己的行程？

一边是着急的大人，一边是委屈的孩子

送喆同学去幼儿园，路上经常见到送孩子的爷爷奶奶，一边扯着孩子赶路，一边不停数落："要是你刚才快点儿穿衣服，咱们就不用这么着急了！""快点儿快点儿，这么磨蹭，一会儿肯定迟到了！"

有一次，一个阿姨领着一个小女孩走在我们前面，小女孩边走边哭。迎面碰到熟人，问这是怎么了，那阿姨很生气地说："她妈妈今天走得早，没顾上给她梳辫子，这就不乐意了，不让我给梳头，也不让我给换衣服；临出门，非要找昨天晚上画画用的蜡笔，我上哪儿给她找去？再不赶紧走，幼儿园就没早饭吃了！"

小女孩应该是因为每天早上妈妈给自己梳头的秩序被打乱了，才不开心的吧？临出门突然要找蜡笔，也许是想带去幼儿园，也许是想用蜡笔再画点儿什么，不知阿姨有没有问过孩子原因。

有多少次，大家只顾赶路，面对孩子突如其来的要求焦虑烦躁，觉得孩子不懂事、就知道添乱。我们一心渴望孩子能与我们同步，以至于没把孩子的想法和行事节奏看在眼里。

父母全心全意爱着孩子，日程表上满满都是想带孩子一起做的事。但履行这些计划时，要想想处于弱势的孩子，是不是在被要求无条件跟上大人的脚步。

当你的计划遭遇孩子的变化，试试这种做法

一天去书店挑绘本，一对母女引起我的注意。

小女孩三四岁，自己在书架前选出感兴趣的书，请妈妈帮她读。母女俩读了很久，眼看就到午餐时间，妈妈似乎另有安排，一本书读完后，对女儿说："咱们现在去吃点儿东西，好吗？"

女儿说：“再看一本吧。”

“那咱们读完这本就去吃午饭，妈妈约了一个阿姨谈事情，不能迟到。你说好吗？”妈妈态度很认真。

“好的。”女儿答得很痛快。

一本书很快读完，妈妈起身收拾东西，可是女儿拿起另一本书说：“妈妈，我还想再看一本。”

我特别想看看这位妈妈如何应对女儿的“拖延行为”。

妈妈蹲下来，看着女儿的眼睛：“刚才我们已经说好，那是今天我们在这里读的最后一本书，你也答应妈妈了，对吗？”

女儿低着头：“可我就是还想再看一本啊！”

“嗯，妈妈明白你的想法，你还没看够，想再多看一些。但是你也知道，我们今天还有其他计划，我们得按时吃午饭，才能赶上做其他事情。”

女儿开始撇嘴，似乎要哭。至此，很多妈妈会施展权威，直接带孩子离开。这位妈妈却抱住女儿，在刚才读书的角落里坐下来，指着旁边厚厚一摞图书说：“看书特别有趣，妈妈也喜欢。你看，这是我们刚才读过的书，这么多呢！咱们俩真是特别了不起！所以妈妈有个计划，周末如果爸爸有时间，我们带爸爸一起来，你说这个计划好不好？”

受到鼓励的女儿被新计划吸引，破涕为笑：“好！带爸爸一起来！”

“那现在我们把这些书放回去，请它们在这儿等咱们好吗？”

女儿开始整理看过的绘本，并坚持要自己把它们送回书架。直到母女俩手拉手离开书店，这位妈妈都没对女儿说出那句我们经常挂在嘴边的话——“你快一点儿”。

所以，当孩子的想法影响到我们的计划，还可以这样来处理：提前向孩子说明事务安排，理解和认可孩子想做某件事的动机；肯定孩子之前的表现，帮孩子制订一个更有吸引力的计划。还有最重要的一点，这位妈妈一直都在暗示孩子：你想做的事和我要做的事，都属于“我们的计划”，需要一起去完成。整个过程中，孩子是平等的参与者，而不是被动的跟随者。

“慢吞吞宝宝”不都是天生慢性子

前同事L的女儿是出了名的“慢吞吞宝宝”。不是动作慢，而是一睁眼就忙活自己的事，比如在床上蹦跳玩耍，故意和父母打闹。你让她穿袜子，她会把袜子套在手上，自己跟自己玩儿；你让她穿鞋，她会故意把鞋穿反，有时只穿一只就跑去摆弄玩具了。

孩子其实一直在抓紧时间感受和采集环境信息，用大脑完成对这些信息的交换处理。只不过，她做的都是自己感兴趣的事，不是大人希望她做的事。她无法理解大人为什么要按时上班，早餐有时间限制，洗漱、穿衣要迅速……

L尝试过很多方法帮女儿规划日程，经过实践证明，一些方法确实有效：

◆不催促孩子

孩子打乱了自己的计划，大人往往会不停催促。然而大人的催促，反过来也会打乱孩子的节奏。

孩子只有在最舒服的节奏下，才能最好地发挥自身潜力，经常被打乱节奏的孩子，会有易烦躁、耐性差的性格特点，或表现为反应迟缓、自我压抑、对某些事物过分依赖，这两种倾向都容易让孩子丧失自我。

L的做法是，起床后并不一味提醒女儿要快快快，而是捕捉女儿的兴趣点，和她一起用做游戏的方式完成穿衣、洗漱、整理物品等事务，如“比比谁穿得快”“比比谁洗得快”等。

◆尽可能预留时间

提前半小时起床，提前15分钟出发，留一些余地给自己，也给孩子留些磨蹭的时间，在这期间与孩子充分沟通，了解孩子的需求，引导孩子按计划做事。

◆每次只给孩子提一个要求

L告诉我，她一直记得小时候放学回家，一进门妈妈就问作业多不多，做完了没有；刚坐下，妈妈又说，手那么脏，怎么不知道洗一洗？去洗手，妈妈又说了，衣服上全是土，怎么也不知道换一下啊？屋子乱得都进不了人了，快收拾一下……L形容自己很晕，往往不知道先做哪件事才好。

先做什么事，再做什么事，大人的脑海中是有规划的，但小朋友不具备这种能力，需要父母很具体的指导。正确做法是明确告诉孩子现在应该做什么，等他完成一件事后再给出下一个指令。

◆不替孩子包办代劳

即使孩子做得慢、做得不好，也尽量让他多尝试。不要让孩子养成“我不做也没关系，妈妈会帮我做”的依赖习惯。

◆让孩子自己承担拖延的后果

一次，女儿磨磨蹭蹭不吃晚饭，L和老公把饭菜扫荡得干干净净。女儿过来时，发现没有吃的了，大哭。L抱着女儿，一边安慰，一边告诉她，晚餐时间已经过去，没有吃的了，下次要记得快一点儿来。从那以后，孩子只要看到大人坐在餐桌前，就会跑过来爬上自己的座位。

◆一起制订作息时间表

几点吃饭、几点游戏、几点读书、几点睡觉……都和孩子一起在纸上写下来，然后贴在显眼的位置。这种充满仪式感的做法，会让孩子觉得遵守时间很重要，按时完成事务也变得重要起来。

我时常想，如果时间能回到那个下着雨的傍晚，我一定会耐心擎伞，看喆同学一粒粒扣好雨衣的扣子，必要时帮他一下。然后领着一个兴高采烈的孩子，去上一堂可能会迟到几分钟的英语课。

幼儿园简单的玩耍，却培养了孩子的软实力

喆同学正式入园一个月，我在幼儿园门口排队等着接他，听到别的家长在议论，大概意思是大班有些小朋友下学期开始就不怎么上幼儿园，改上幼小衔接班去了。因为幼儿园不怎么教拼音、算术、识字，很多家长怕孩子小学跟不上课程进度，往往选择去学“真本领”。

幼儿园真的什么都不教吗？事实上，相比较孩子认多少字，会多少以内的加减法，能背多少乘法口诀，幼儿园教会孩子的，多数是无法量化却影响孩子一生的软实力。

有教养

入园以后，喆同学最大的变化是更有教养、更有同理心。

周末我睡午觉，孩子爸过来找衣服，不小心碰到椅子，发出声响。迷糊中，我听到喆同学说：“嘘，小心点儿，别吵到我妈妈，我睡觉被吵醒也会生气的。”这懂事的一句话，让我觉得心里一暖。

一天晚上，我准备了小礼物想送给爷爷奶奶，喆同学主动说：“妈妈，我帮你拿着吧。”我问他：“你把东西给爷爷时，要怎么说啊？”他看看我，若有所思，然后说：“爷爷，这是给您的礼物。”和老师、同学才相处短短20天，他竟然会用“您”这个字了。

和别的妈妈交流，大家都普遍反映，孩子上幼儿园之后，比原来更懂礼貌、更有教养了。而有教养，是一个人最基本的行为准则。

能自理

入园前的第一次家长会，让很多家长开始头疼：幼儿园要求孩子会穿上衣和裤子，会自己大小便，这对于3岁的孩子来说颇有难度。

但入园不久，妈妈们就会发现担心纯属多余：孩子们在家里，越来越喜欢自己做事，虽然系个扣子需要好几分钟，但系上之后那种小得意证明孩子长大了；虽然孩子自己盛粥会洒到外面，但吃着感觉格外香甜；虽然孩子自己叠的被子歪歪斜斜，但成就感满满……

在“自理”的引领下，孩子们的精细动作突飞猛进，独立带来的心理满足感，也让他们更愿意去接受新鲜事物的挑战。

会社交

孩子的物权保护，就目前国情来讲，保护起来确实有点儿难度。但进入幼儿园这个大家庭，老师对所有孩子一视同仁，让物权以及分享意识得到了充分发展。比如一件玩具，别的小朋友先拿到手，另一个小朋友想玩只能等待，或者用自己拿到的东西去交换。没有家人在身边，孩子们会从“情感状态”转换为“社交状态”，在很多行为上自控力大大加强。如果因为无法等待，动手抢别人的东西，老师发现之后会进行较为严肃的引导。在这样的争端中，小朋友会渐渐学会解决争端的方法。

在这个过程中，孩子渐渐懂得交往的含义，认识越来越多的小朋友，并渐渐学会维持友谊的能力。

懂竞争

有次户外活动，老师把喆同学班里的小朋友分成了两队，一起通过障碍物，到指定的盒子里“采蘑菇”，看哪一队小朋友在规定的时间内采得最快、最多。幼儿园这类游戏很多，看起来是在“玩”，孩子却在玩乐中学会了什么是“竞争”，什么是“团队”，什么是“配合”。

多元化思维

有妈妈把幼儿园的思维启蒙课视频发到了家长群里。

老师和孩子做游戏，有一个环节是问小朋友：老师罐子里有15颗糖，咱们班今天来了18个小朋友，应该怎么分？小朋友有的说掰开，有的说用脚踩开，有的说用刀切开，有的说打电话问问妈妈，有的说自己不吃让给别的小朋友……

这类开放式问题，让每个小朋友积极参与，开启小朋友天马行空的思维，意义远大于学会“1+1=2”。唯有兴趣，才能让孩子长久保持学习热情。而幼儿园会创造各种机会，把知识、技能和游戏完美融合，让孩子们在玩中学习。

更耐心

在家里，4个大人围着孩子一个人转，孩子的任何举动，都会有好几双眼睛盯着，孩子基本处于被过度关注的状态。

但在幼儿园，3个老师照看二三十个孩子，不可能孩子的每个需求都得到满足，很多时候主动举手叫老师，才能得到照顾。在“被忽略”中，孩子学会了等待、理解、宽容。这种耐心，自然而然带回到家里，妈妈们会发现孩子变得“懂事了”。

守规则

孩子吃饭不乱跑了，不那么挑食了，吃得也多了。这是很多家长最欣喜的地方。在幼儿园，正餐和加餐都定时定量（当然，小朋友吃不饱可以主动找老师要），而且必须坐在餐桌前进食，以免边走边吃而噎到、呛到，或因为地面湿滑而摔倒。

午觉也比原来规律了。国内幼儿园理念越来越新，比如很多幼儿园不再强迫孩子午睡，会给不睡觉的孩子规定好一个游戏角，在保证不吵到午睡小朋友的情况下，可以自行玩乐。这个规定，让孩子既尊重了自己，又照顾到了别人。

类似的规则还有很多：洗手、上厕所要排队，园内不能奔跑以免碰到别人，别人讲话时不能随意打断，提意见要等别人说完再发表自己的看法……

在3～6岁的幼儿教育中，最重要的不是学什么内容，而是让孩子学会用什么方法来学习。如果在这个人生最重要的阶段，挖掘出孩子的学习兴趣，培养出良好的生活习惯、学习习惯，会影响他们以后的学习、思考和解决问题的方式。

所以，如果再有人和你说“我们家孩子认识26个字母了，会20以内的加减法了，会写上百个字了”，不要着急，只要孩子养成好的思维习惯，就等同于拥有了力量加倍的杠杆，即便短时期内成绩平平，也会很快追赶上来。而完整人格的养成期一旦错过，是无论如何努力也无法弥补回来的。

全职妈妈，你也可以成为“发光体”

Chapter

07

36岁辞职，因为我知道自己想要什么

人生的第三个本命年

2016年4月，我决定辞职。

这个念头是某一天在公司所在的别墅区散步时突然萌生的，看到小区里盛开的玉兰花，有那么一瞬间突然想到一个问题：来北京，究竟是为了什么？

这个问题最终变成时光机，把我拉回到十几年前，在家乡小城那些为了做编辑而拼命读书、写稿的岁月。

高中时，为了“以后有个好工作”，我随波逐流，选择理科。毕业后，我又为了自己心里那个写作梦，下班后拼命去学习中文系应该学的东西。

因为喜欢，所以每晚12点睡觉不觉得累；因为喜欢，所以不看重那几百上千的稿费，只欣喜于看到自己的文字变成铅字；因为喜欢，所以接到北京那家知名杂志社的主编通知，让我来北京上班时，有重生的惊喜。

直到现在，我依然记得2005年那个夏天，我乘52路公交车到达杂志社的心情：忐忑中掺杂着欢欣，不安中夹带着开心。

幸运的是，刚来北京时，杂志社的宿舍就在大望路的一个花园小区，20多平方米的房间，带独立卫生间，多数情况只住3个人，还有阿姨做饭。我亦没经历挤公交和地铁上班的日子，因为宿舍到公司走路只要20分钟。

后来离职、跳槽、结婚、买房、买车、生子，拿着在别人看来并不少的薪水，可以买一些相对奢侈的包包和衣服给自己，每年可以国内国外旅游两三次，可以有一点儿小钱做些投资。

这样的生活，在外人看起来“岁月静好”，也有“诗意和远方”。

所以，当我辞职——

妈妈说：“日子太舒服了吧，瞎折腾什么呢？”

妈姐问：“辞职了你能干什么呢？让老公养着，你受得了？”

闺密说：“没事，你后悔了可以来跟着我干。”

老公说：“你做全职妈妈我支持，自己别变得敏感脆弱就行。”

当时，我36岁，正好是人生的第三个本命年。

| 辞职以后干什么

辞职，并不是真的想什么都不干，就是想做一些让自己内心满足的事。而从小到大，我无论多累都心怀愉悦去做的事，就是写写写。

十几岁时，写别人看不懂的诗和散文；20岁时，写悲悲戚戚的言情小说；30岁时，写婚姻、亲情、友情，在杂志圈小有名气；36岁时，开始分享育儿路上自己走过的弯路和经验。

我自己都没想到，最初的那些育儿心得，能引起那么多共鸣。因为这几篇文章认识我的朋友，成为我决定辞职的底气。

只是三十几岁的辞职，终究不再如二十几岁时那般毫无顾虑。我会算自己账户的存款够不够半年没工作的花销，因为我不想大事小情的用度都向老公要；我提前体验了一周左右早起送孩子上学、下午接孩子放学的日子，看看会不会觉得无聊；我提前和问起我工作的人说“我没工作”，看能不能适应由一个资深编辑到无业人员的心理落差……

那几个月，说心里没有一点儿落差是撒谎。但一路坚持下来，内心的满足远大于所失去的——

每天都可以有时间和耐心看着孩子穿衣，然后陪他去上幼儿园；每天都有几个小时完全属于自己，或写稿，或看书，或外出学习；每天晚上都能给孩子讲三五本绘本，而不用等着他睡了才写公众号文章推送；想回家陪妈妈几天就陪几天，因为笔记本电脑就是移动的办公室；每天都可以与微信上的朋友们交流育儿、婚姻中的难题，朋友们的信任往往让我感动不已。公众号运营一周年那天，看着后台几百条留言，虽然我回复到深夜两三点，却一点儿都不觉得累……

大半年时间，总有人问我，三十大几的人了，放弃安稳的工作，折腾个啥，我总不知道如何回答。

去年秋天，一个十几年的好友来北京，我请她吃烤鸭。吃饭时她看着我，突然来了一句："妞儿，自从你做公众号，我好像又看到了当初那个为了当编辑拼命写稿、投稿的人，整个人的精气神都变了。"

她这一句话，让我突然明白自己折腾的目的是什么：36年，终于有机会把兴趣爱好和工作结合起来，这种结合不带任何目的，但能让我的每一天都是充实、快乐、满足的。

从那之后，再有人问我，36岁了，你折腾个啥？我的回答都是："折腾得终于知道自己想要什么了。"

明明是你放弃了自己，和孩子有什么关系

爱美之心人皆有之

一天下午，去做了头发。我是沙性发质，如果过一段时间不拉直，新长出的头发就会乱蓬蓬的，孩子爸笑称我是“金毛狮王”。

之前我挺在意形象，生完孩子后，要工作、要带娃、要写文章，忙得不可开交，再加上有些美发中心拉直动不动就小1000元，觉得太贵，就默默放弃了做一个安静美好的美妈咪。

上周接儿子放学回家路上，我们俩漫无目的地聊天，我问他：“你最喜欢哪个老师啊？”

儿子很认真地想了想，说：“Cathy和Mia。”

我又问：“为什么呢？”

儿子说：“因为她们温柔啊。”

“那你怎么不喜欢Linda呢？她不也很温柔吗？”

儿子想了一会儿回答：“她不漂亮呗！”

我不相信一个不到3岁的孩子真的懂得漂亮的含义，哪怕他先提到的两个老师确实是两个美女，于是又拿身边很熟的人问一遍：“那妈妈漂亮还是琳琳姐姐漂亮？”

儿子想都没想，直接让我的心碎了一地：“琳琳姐姐漂亮呀！”说好的儿不嫌母丑呢？说好的在孩子眼里，妈妈总是最好看的呢？

回到家，我看着镜子里略显疲惫的自己，想想衣柜里那些生完孩子后再也穿不下的衣服，黯自神伤。我想对孩子说，造成这一切的原因都是因为有了你这个小子，但又觉得自欺欺人：明明是你自己放弃了自己，干吗赖到孩子身上？

于是，我不再找借口说没时间，不再觉得用几张钞票换取美丽太过奢侈，不再自我欺骗说贤妻良母才是我的终极追求。如果可以光鲜亮丽，谁愿意灰头土脸？晚上回到家，家里一大一小两个男人眼光齐刷刷甩过来。

大男人说："哎哟喂，太阳打西边出来了，啥时候想着把一头卷毛给捋顺了啊？还是挺好看的。"

小男人扑到我怀里，新奇地扯着我又长又直的头发说："妈妈的头发真直，妈妈你好漂亮啊！"听到这话，我心里挺美的。被赞美总是一件很美好的事，不是吗？

妈妈也需要经营自己

好友H的孩子4岁多，上幼儿园中班。在孩子上幼儿园之前，H做了三四年全职太太，她一直觉得自己并没有放弃自我经营，却还是被小朋友当头一棒。

那天H接孩子放学，因为打扫卫生忘了看时间，想起来时已经比平时晚了10分钟，怕影响小朋友心情，她只换了裤子，随便套了一件羽绒服就出发了。当时门口有四五个家长同时接孩子，孩子出校门看到妈妈，也看到另一个气质很好的家长在等着接孩子。在H无限体贴地把路上买的山药豆儿的糖葫芦递给自己家孩子时，小朋友一句话让她坠入谷底："妈妈，为什么那个阿姨那么漂亮，你能变成她那样吗？"

童言无忌，孩子的声音很大，大到原来没注意他们娘儿俩的人眼光齐刷刷望了过来。H很窘，时隔两周和我见面说起这事，仍觉得非常难为情。我能理解她的心情，一个女人，被自己付出最多的人当众“打脸”，那滋味真是不好受。

好在H是个“发光体”，很快就制订了瘦身减肥计划，坚持每天去奥林匹克森林公园跑步；瘦下来后又去购置新衣，报名参加了数个可以提升自己眼界和内在的讲座。由外而内，360°无死角提升自己。

3个月以后我俩再见面，我差点儿认不出她来。

她说：“以前我觉得为孩子、为老公付出一切，我的人生意义才得以体现。结果我付出越多，他们对我越是忽视，我自己对老公也颇有怨言，觉得他不够尊重家庭主妇的劳动。现在，我把更多心思放在经营自己身上，我在他们面前反倒更有存在感。”

育儿即育己

现实中，像这样的妈妈有很多：生娃后，全身心扑在了孩子身上。购物车里，90%是娃的衣服，自己偶然添置东西，也是前思后想、权衡良久；自我渐渐退居幕后，人生变得黯淡无趣，所有的肯定、成就、赞美都依附于别人而存在。

别人说，娃养得真好啊。我们开心。

别人说，家务打理得真有条理啊。我们开心。

别人说，亲朋好友的人情往来处理得真周到啊。我们开心。

但这开心里面，没有一种因为自身而得到的肯定。

在国外的价值体系中，先有自我，才有他人，只有自我得到满足，才能给别人带来愉悦。而我们一直以来的教育就是“舍己为人”，为家庭牺牲自我，才能被社会夸奖和肯定。但当一个人，尤其是一个妈妈失去了自我，是件多可怕的事！当我们的孩子，在妈妈的压抑、抱怨、愤怒、没有自我中成长，他们接受的是怎样可怕的潜意识的传递！

你自己都放弃自己了，怎么能赖到孩子身上？自己没有光芒万丈，却要求孩子能照亮余生，真真有些痴人说梦。只有当你散发独特光芒，孩子的世界才阳光明媚。只要你没有在内心把自己舍弃，就不会因为付出太多而心生怨怼。

于是，我开了自己的公众号，重新开始写稿；喜欢新手机马上就买，想去学游泳抓紧报班；想去看电影就看，不再前思后想电影票太贵，省下钱来能买娃的半包尿不湿……

育儿即育己，一个妈妈只有将生命活出花一般的绽放，才能培育出幸福家庭、和谐的夫妻关系、快乐的孩子、良好的亲子关系。而这一切的前提，是接纳自己，富养自己的内心需求。一个乐观向上的妈妈，才能成就内心丰盈的孩子。

全职妈妈也可以成为“发光体”

艰难的头三年

从决定当妈妈的那天起，就注定前路充满辛劳。总有很多困难，是我们怀孕前无法预料的，比如说好的老人帮忙带孩子，却无法实现，比如自己明明性格安静，却生出个精力旺盛的超级好动宝宝；比如一直很乖的宝宝，长到七八个月时突然夜醒无数、小病不断……桩桩件件，都令人头大。

所以，经常有人感叹：生孩子的头三年，是女人一生中最艰难的三年。

没有哪个当妈的，体力上会觉得轻松愉快。但任何一个当妈的，都得想方设法让自己精神上快乐一些。并且，我们可以做到。

比如我最好的朋友之一，瑞，全职带孩子5年，其中两年老公出国，她一个人带着孩子在北京，竟也过得有声有色。那5年，从她嘴里，我从未听过一句抱怨，反而是我心情不好时，她时常开解我。

上次一起吃饭，我问瑞：“困于家庭5年，怎么能做到这么乐观？”她笑：“什么叫困于家庭啊？一个人的心，根本是困不住的呀！”

把带孩子当成一项事业

孩子出生后，除了月子里，双方老人很少来北京帮瑞。因为当时家里经济状况不怎么好，她也从来没舍得请保姆或者小时工。一天24小时，全年无休，这样的状态她持续了整整5年，1800多天。

问她是怎么熬过来的，她笑得灿烂："我觉得信念很重要，就是你自己怎么想。我们全职，目的就是为了更好地带孩子，那么带孩子就是我的事业，我把它当工作来做，努力的同时付出爱。我只想怎么把妈妈这个角色扮演好，不自暴自弃，不怨天尤人，更不嫌弃孩子拖累了自己。"

想办法提高带孩子的效率

一个人带孩子，工具很重要。孩子很小时，瑞就买了能定时的电炖盅，可以做米饭和粥。每次带孩子出去玩都提前开炖，回家就能吃，正好是他们俩的量。因为可支配的时间太短，一般没时间炒菜，所以她会多做一些炖菜，有汤也有菜，菜的品种弄丰富些，营养也全面了。

瑞的一天是这样度过的：孩子起床前，她提前40分钟起来，先做好早饭，同时准备出午饭的材料；早饭后带孩子户外活动，回来后把早上准备好的材料下锅，孩子可以在游戏区玩，也可以在厨房跟着她；中午孩子午睡，她打扫卫生，然后准备晚饭的材料；晚饭后陪孩子玩儿或亲子阅读，因为孩子的精力旺盛，每晚都10点多快11点才睡，等到孩子睡了，瑞才能收拾房间、写博客、看书……

她每天的休息时间只有6个小时，可以说是牺牲了睡眠时间来充实自己。

"就把养孩子想成自己和老公必须全力以赴要做的事，不要希望依靠任何人。有人帮忙就感恩，没人帮忙就靠自己。等几年下来就会发现，自己无所不能。"瑞这句话，总在我觉得撑不下去的时候出现在我脑海里，给我力量。

妈妈的状态很重要

孩子最敏感，妈妈情绪的丝毫变化都逃不过孩子的眼睛。所以，妈妈的乐观对孩子很重要：妈妈心情好，孩子才开心，也会更好带。

我曾问瑞：“特别累的时候，也没和孩子爸吵过架吗？没抱怨过没有人帮你吗？”瑞说：“争执肯定有，但大吵真没有过。全职妈妈是我自己做出的选择，我做好了吃苦受累的准备。自己带孩子原本就是想让孩子更好，如果因为太累整日心情不好，还不如不辞职。”

瑞说，她和孩子爸交流时，一定不在自己很累很烦的时候，疲劳状态下肯定带着情绪，不会有好的沟通结果。一定要平静地交流，明确说出自己的感受、想法、决定，希望得到他什么样的帮助，绝大多数情况下，夫妻俩的心还是会往一处想。

比如有段时间，瑞参加了正面管教的培训班，就明确跟老公说自己需要充电，暂时脱离带孩子的状态，自然也得到了老公的支持。

这一点我特别赞同，有段时间我和喆爸争吵比较多，原因经常是“我以为他会猜到我想要什么，结果他猜不到，我就生气”。

千万别让老公猜心，明确表达需求就好。

| 为了孩子，不敢生病

老公在国外时，瑞有次感冒发热到38.5℃，如果老公在家，她肯定就要卧床休息了。但家里只有她一个人，她又不愿意麻烦别人，就硬撑着爬起来带孩子，唯一的变化，是她叫了外卖——实在不敢带着孩子上街买菜，万一晕倒在大街上怎么办？

那是她除了月子里，唯一一次动心思让老人过来帮忙，但还是放弃了这个想法——和体力上的累相比，她更不愿意为了育儿观念不一样，和老人争执。

瑞最经典的话就是这句：“哪怕能安静地洗个澡也是享受啊，因为就算蹲个马桶，这小子也要来找我说话，遇到这么个高需求的宝宝（指具有敏感、黏人、精力旺盛特点的孩子），我也只能牺牲自己的隐私啦！”那次生病之后，瑞制订了跑步计划：每周3次，慢跑5千米。去奥林匹克公园跑步的那一个小时，孩子委托给邻居照料，当邻居外出去办事，她也会帮邻居看娃。

全职妈妈≠与世隔绝

孩子上幼儿园后，瑞开始找工作，准备重新杀入职场。面试时，面试官问她："你做了5年全职妈妈，平时不跟社会接触，你觉得做我们这个工作有什么优势？"

她的回答是："我做全职妈妈5年，收获比之前6年的工作收获都要大。我变得更包容，更有恒心和毅力，也更坚韧了。我觉得做全职妈妈不是与世隔绝，只要自己愿意，各种线上和线下的学习和活动，足以让自己跟上外界的节拍。"这样的回答，太赞！

她说，自己一直以心甘情愿的态度，过随遇而安的生活："工作时，我会全身心投入，带孩子时，我也全身心投入。"如果为事业打拼时常因不能陪伴孩子而内疚，全职带孩子又觉得影响了自己的前程和事业，一边上班一边带孩子又觉得自己是全天下最辛苦的人，无论做什么样的选择，都不开心吧？

干一行，爱一行，和现阶段的选择和解，不拧巴，才能成为一个"发光体"，才能让自己更快乐，孩子更开心，家庭更幸福。

生完孩子的头三年，是女人一生最难的时候

“甜蜜的爱”害了孩子

一天，我带喆同学去医院口腔科例行检查——自从发现喆同学有蛀牙，每3个月都会带他看一下牙医。在诊室遇到一个4岁左右的小男孩，正在补牙，根管治疗。因为很不舒服，男孩并不配合，那哭声我听着都心疼。

我带喆同学出门时，遇到了正抹泪的小男孩的妈妈。她不忍心听到孩子哭，才让爸爸进去，但又不放心，一直站在诊室门口等着。没说两句，她突然问我：“孩子一直是你自己带吗？”

我坦白：“两岁半以前爷爷奶奶帮着带，现在我一个人带了。”她很自责地说：“我最后悔的就是没有辞职带孩子，不然孩子的牙不会坏成这样。”

因为不愿意放弃正在上升期的事业，这位妈妈生完孩子3个月就回去上班了。孩子由奶奶带着，老人基本百依百顺，要糖给糖，要饮料给饮料。这个妈妈也和婆婆谈过几次，告诉她这些不良习惯会给孩子带来怎样的危害，但因为危害没有发生，老人往往左耳进、右耳出，表面上顺从，当儿子媳妇不在家时，又恢复原样。

直到有一天孩子开始叫牙疼，才发现槽牙已经坏了好几颗，有3颗需要根管治疗，奶奶才知道自己“甜蜜的爱”害了孙子。

老人带孩子的问题

和好友M以及L聚会，M的女儿叮叮比喆同学小2个月，L家的儿子比喆同学大3个月。吃饭时喆同学和叮叮在餐椅上坐不了几分钟就要下来，而L的儿子一直由妈妈带，有着良好的教养。当不知道第几次把叮叮摁在餐椅中时，M有些气急败坏，来了句：“周一就辞职去！”

她和我一样，在孩子小的时候，因为工作忙，对孩子的照顾相对比较少，都是老人帮着带，导致问题层出不穷：

我们觉得孩子不穿罩衣不可以吃饭，老人就说自家儿子小时候也没穿过；我们觉得满屋追着喂饭不好，老人就说孩子在亲人面前撒娇实属正常；我们觉得孩子看动画片时间太长了，老人就说她养了好几个孩子，小时候见天儿看电视，没有一个近视眼……

因为还得指着老人看孩子，所以我们不能和老人辩个你黑我白，不然人家一生气，撂挑子走人该如何是好？所以，很多经济能力尚可的家庭，妈妈选择了辞职，在孩子3岁前全身心陪伴。虽说辞掉工作，经济上会不如以前富裕，但只要保持一颗有学习力的心，3年后重回职场一样不输别人，还帮孩子养成了健康的生活习惯及学习习惯。

妈妈对孩子的重要性

喆同学2岁时，我带他去游乐场玩。一个小男孩和喆同学争抢绿色跳跳马，小男孩出口成“脏”：“你×××再不给我，我就急了，你信不信？”然后继续嘟囔着其他脏话。不知道是孩子的奶奶还是姥姥走过来，试图把孩子拉开，孩子反而推了她一把：“我就是要玩这个，我就是要玩这个！”

一开始我只是对这么小的孩子会说脏话表示疑惑，但这个老人的行为给出了答案：对于孙子的脏话，她选择无视；孙子对她的推搡，她也没有批评，还说一会儿就给他买冰激凌。

因为隔辈亲，很多老人对孩子的温饱关心程度远超心理层次的引导，比如，忽视对孩子礼貌上的引导，不在意言传身教的力量，孩子犯了错也不知道正确的教养方式。

这些事例，只是所见的一小部分，和全职妈妈交流得越多，我越明白妈妈对于孩子的重要性——

◆妈妈带的宝宝更有安全感

孩子出生后的头三年很重要，如果在这个时期得到妈妈更多的陪伴，更容易养成安全型依恋，不仅以后进入幼儿园更容易，而且对于他们整个人生的影响都极其深远。比如，女孩子不容易因为别人的一点儿关怀就坠入爱河；男孩子不容易因为某个女孩有母性光辉而忽略精神层面的交流。

◆妈妈带的宝宝更健康

这个无须多言，老人对于孩子的哭闹几乎没有抵抗力，所以由老人帮忙带的孩子，往往吃的零食更多、喝的饮料更多、摄入的糖分和盐分更多。

◆妈妈带的宝宝更独立

在喆同学所上的幼儿园，有个特别明显的现象：那些由老人或保姆带大的孩子，在幼儿园往往不会独立进食，不是吃得太慢，就是自己吃不好。而那些入园就吃饭很好的孩子，多由父母亲自抚养。老人追着喂饭，是老生常谈的问题，我们不能指责从饥饿年代过来的祖父母太宠溺孩子，只能尽量克服这个问题，不然孩子到幼儿园肯定要饿肚子。

◆妈妈带的宝宝更有礼貌

接过别人的东西，老人很少引导孩子说谢谢；孩子抢了别人的玩具，老人会有歉意，但较少跟别人说对不起；和小伙伴分开时，老人往往会让孩子说再见，但自己忽略了和对方家长说再见，而身教，往往大于言传……

◆妈妈带的宝宝更懂规矩

年轻的爸爸妈妈多半听过育儿讲座或者看过育儿方面的书籍，知道好习惯要从小培养。而老人虽然叨叨着“三岁看大，七岁看老”，但孩子犯错后，多半以“孩子还小”为由，放弃对孩子的管教；或者极端地进行粗暴教养，孩子只知道这件事让爷爷奶奶或姥姥姥爷生气了，却不知道正确的做法是什么。所以在规则性的培养上，还是妈妈或爸爸多下功夫为好。

◆妈妈带的宝宝有更多自由

喆同学小时候，自己拿钥匙捅锁眼，半天捅不进去，奶奶就直接把钥匙拿过来，告诉他：“你对准这个锁眼儿，是不是就捅进去了？”看起来是为孩子好，事实上扼杀了孩子自由探索的机会。虽然我也犯过类似的错误，但会及时纠正。

想让宝宝拥有更多自由，还是爸爸或妈妈多带孩子为好，鼓励孩子主动探究这个世界，他们以后的想象力才能更发散。但对于很多女性来说，为难之处就在于，知道亲自带娃好，却不能暂时离开职场全身心陪伴孩子，那种纠结着的内疚，那种人在职场、心系娃身的折磨，才是妈妈最难过去的坎儿。

分享这些，不是说全职带孩子一定好，而是想让大家知道妈妈和爸爸的关注对孩子的重要性。下班后多陪孩子，休息日多带孩子外出，虽不能完全避免老人带孩子的弊端，起码能纠正一部分。

很多时候，老人对于自己的教养习惯有着坚定不移的信念，觉得自己就是对的。我们不可能和他们硬碰硬，只能选择自己带孩子，或开启上班工作、下班带娃的24小时连轴转模式，这也是妈妈在生孩子后的头三年最辛苦的原因——我们有着全心全意爱孩子、陪伴孩子的心，却迫于现实，不得已做出某些妥协。如何在顺应老人和教养孩子的夹缝里，找一条对孩子最好的路，才是我们应该做的。

我不要为母则刚，只要和老公相互扶持

Chapter

08

生完孩子，和老公分房睡后果很严重

分房睡导致的家庭矛盾

孩子刚刚1岁2个月时，Y离婚了。

这个消息让人震惊，在我眼里，她的婚姻模式极其牢固——父母、公婆收入不错，两家同在一个小城，夫妻两人初中、高中、大学都是同学，大一确定关系，算是青梅竹马；结婚时就全款买了100多平方米的大房子以及小20万元的代步车，物质和精神上都很对等。

聊起离婚原因，Y颇有些无奈："我最后悔的就是请了月嫂，让婆婆过来帮忙带孩子，这样孩子爸完全没机会照顾小孩。"

家里不缺钱，Y请的月嫂是小城最贵的。月嫂人很好，照顾孩子有一套，孩子睡了，她把家务也顺便收拾了。当时孩子夜醒多，还老有夜啼，怕影响老公休息，Y主动让他睡到了离主卧最远的客卧。

一个月后月嫂离开，老公想享受"老婆孩子热炕头"的生活，却被亲妈一句话打发了回去："你白天还得上班，宝宝现在夜醒太多，等能睡整觉了你再回来，我在你们卧室支张床，有啥事我顶上就行了。"

因为和婆婆亲如母女，Y没表示反对，当时她也是打心眼里心疼老公为了这个家打拼。这种分居生活一眨眼就是半年，Y休完产假回归职场，便想着让老公和自己一起照料宝宝。

可老公搬回来后，根本不习惯大半夜不时被换尿不湿、冲奶粉、盖被子打断睡眠。因为睡眠不好，他脾气变得很差，不停指责Y不够体贴，明明一个人可以搞定，偏偏拉他下水，一点儿也不理解他的辛苦。

而Y觉得，我也是白天上班、晚上带孩子，当妈妈的能承受，为什么你当爸爸的就做不到？

一来二去，不到两个月，原本很恩爱的两个人吵得水火不容。要命的是，小两口的矛盾牵动了双方父母，夫妻矛盾上升为家庭矛盾。

丈母娘觉得“我女儿也上班赚钱，凭什么就该一个人吃苦受累”；婆婆则认为“我们那会儿也是家里家外一个人，别的女人能做到，你女儿怎么就那么娇气，男人有几个带孩子的，围着锅台转的男人能有什么本事”……

吵到最后，婚姻双方都不是赢家。离婚时，Y得到了女儿，失去了老公；Y的老公失去了女儿，失去了安稳的家。

没有感同身受，除非亲身体会

在听到这件事之前，我一直和喆爸分房睡，原因之一是怕孩子老醒，影响他工作；原因之二是他睡觉太沉，某次差点儿压到孩子，我怕会有潜在危险。

身边的妈妈，也有很多选择和老公分房睡。尤其是月子里，老公十有八九被“赶出卧室”，取而代之的是月嫂、亲妈或婆婆的照料。

一个朋友得知我和孩子爸一直“分居”，直接劝道：“无论怎样，爸爸妈妈都应该睡在一起，不然孩子容易在心理上和爸爸疏离。”

说这话时，喆同学已经可以清晰地表达主卧的床是他和我的，爸爸的床在次卧。午觉醒来，睁开眼看到爸爸在身边，会本能地去推：“走，爸爸走！妈妈的床！”

一个健康的家庭，夫妻关系一定要高于亲子关系。想清楚这一点后，我决定让老公搬回来。目标明晰后，很多原来以为的困难就容易解决了：

怕爸爸压到孩子，我就睡在中间；

怕孩子掉下床，就把床紧靠墙放，孩子睡最里面；

怕爸爸睡觉呼噜声太响影响孩子，习惯就成自然了；

孩子不接受爸爸，多和爸爸亲子互动，经常强调爸爸和我们也是一家人即可……

让我始料未及的是，当我们一家三口同睡1.8米的床上，不适应的却是孩子爸——孩子夜奶频繁，不给吃就哭闹，他觉得孩子太烦，严重打扰到他休息；还觉得夜里我一个人陪孩子已经足够，反正大部分时间孩子在睡觉！

听到他说孩子烦，我的火气噌噌直蹿——我自己带孩子睡了一年多没嫌烦，你才睡两天就嫌烦！争吵了多次以后，我才明白：在带孩子这件事上，如果老公一直缺席，就根本没有感同身受这件事，除非他真体会到了个中艰辛。

万幸的是，当我们吵得不可开交时，我得了重感冒。婆婆当时外出旅游，我家人远在山东无法及时赶来。我上吐下泻，孩子爸只能一边照顾我，一边照顾娃。

那两个晚上，他重复着我为孩子做的一切：吃饭、冲奶、刷牙、洗脸、洗澡、换睡衣、穿尿不湿、讲睡前故事、夜里起来给孩子盖被子、至少摸两次尿不湿看要不要换新的……

两天以后，我身体好转，终于可以戴着口罩哄孩子玩。那天是周六，我陪孩子读完绘本，来到客厅发现孩子爸已经做好煎蛋、盛好粥。看我抱着孩子出来，他黑着眼圈却没有半句抱怨，只是说了句："夜里带孩子真挺累，不知道这400多天你是怎么挺过来的，以后工作日我们轮班带孩子吧。"

这句话，一点儿都不浪漫，却让我觉得是最好的情话：他终于理解了一个妈妈的不易……

让爸爸不再缺席

元旦前夕，一位广州的朋友在微信上问我，孩子为什么老睡不安稳。这是一位爸爸，聊了半天，发现可能是母乳不充足。这位爸爸因为工作原因不能守在老婆孩子身边，但他的一句话，让我很感动。

我给他建议之后，他说："谢谢你，我就是觉得我老婆两三个小时起来喂一次奶太辛苦了。"隔着几千里，我都能感受到他对他老婆的爱和理解。这样的男人，即使人不在家，家人也能感受到他的关爱吧！

但对于很多新手爸爸来说，惰性往往会轻易战胜爱和理解。

所以，刚生完孩子，新手妈妈最好不要"太懂事"，把养儿育女的责任一个人硬扛下来。

一个生完孩子就让老公睡次卧的妈妈，控诉老公的种种不作为时说："我说他不管孩子，他竟然指责我从来不给他机会，什么都不让他干，还把他赶出卧室，你们说有没有良心？"仔细想想，她老公的话也有几分道理。

一个新生命的到来，身为父亲，每个新爸爸都曾在内心盘算过为这个小生命付出所有吧？当我们以关心为名，把他们阻挡在为宝宝忙碌的门外，他们也就失去了实践的机会并乐得清闲。

让另一半承担起育儿的责任，月子里是个绝佳机会，从医院回家的第一天开始，就让他们亲身参与小生命的成长，远比从宝宝会叫爸爸再让他们手忙脚乱地开始有意义得多。对于宝宝来说，爸爸的每一次换尿不湿、每一次抚触、每一次逗弄、每一次冲奶，都意味着爱与责任。

所以，生完孩子，别再和老公分房睡了。让他亲眼见证你为宝宝所做的一切，不仅让父子间关系更亲密，也会让他亲眼看见你身为人母的辛苦，对你的牺牲感同身受，进而多一些理解和疼爱。

我不要为母则刚，只要和老公相互扶持

带孩子不单是妈妈的事

带喆同学去医院检查时，因为初步检查显示喆同学肺部有湿啰音，疑似肺炎，第二天我们又重新到医院挂号，进行确诊。因为怕去三甲医院交叉传染，普通病症我们一般都选择人少的二级医院。我们领着喆同学赶到放射科时，前面只有不到10个人在等。我当时还挺欣喜："人挺少的，估计十几分钟就到我们了。"悲催的是，当时只有一个医生值班，这意味着放射科的所有工作都由一个医生负责。

我一边看着医生急急忙忙从这个房间赶往那个房间，一边安抚着不时哼哼唧唧的喆同学。喆爸则一边处理工作上的事，一边听着是不是叫到了我们的名字。

坐在椅子上等待时，旁边一个带孩子看病的阿姨，看我们一家三口一起来，很诧异："你们不上班吗？周四也能带孩子看病。"

我实话实说："我不上，爸爸上。"

阿姨更加不解："你不上班，还拖着爸爸来干啥？现在工作压力多大啊，孩子生病就请假，领导没意见？"

我一边想这阿姨真直爽，一边想怎么回答才能既不让她没面子，又不让自己陷入更多追问。

工作日带孩子去看病的，以老人居多，爸爸妈妈一起到场的更是极少。正因为如此，阿姨才会那么问吧？但她的话之所以让我不好回答，是因为透露出了“带孩子就应该是妈妈的事”。

辞职之后，我时间上比较自由，接送孩子、做家务方面，确实是我承担得多一些，但当喆爸提出要请半天假，陪我一起带孩子看病，并且大清早不到6点就出发排队，给孩子挂到了专家号2号时，我内心是有小欣喜的。

孩子的成长过程，爸爸不能缺席。当孩子有个头疼脑热，爸爸的参与，能更多地给予孩子心理上的安全感。

养儿育女是两个人的事

一个朋友，特别支持老公的事业，老公连续出差3个星期，孩子感冒发热将近40℃，她一个人约车去医院。就是这样一个女超人，却被老公一句话弄哭了。

从医院回来后，5岁的孩子给爸爸讲妈妈是怎么抱着他，在医院上上下下跑了十几趟，回家后躺下来，每次睁眼都看到妈妈在给自己敷毛巾。

听完孩子的话，朋友的老公看了朋友一眼，当着孩子的面就说了一句：“真当自己是超人啊！你就不会打个电话，我起码能找个哥们儿送你们去医院啊。快快快，上床补觉去，我一会儿带儿子去看电影，吃了晚饭再回来！”

一句话，让朋友多日来的劳累、苦闷、委屈都有了出口，等老公和儿子出门，她哭了一场，睡了一觉，做了个决定：逞什么能啊，该脆弱的时候就脆弱啊，孩子自己养，家务自己干，累自己受，老公能有参与感吗？对于这个决定，我举双手加双脚支持。养儿育女，原本就是两个人的事呀！

爸爸带孩子需要正向鼓励

当然，很多时候，男人对孩子“不管不问”，并不完全是男人的原因。

带孩子去公园，我遇到过因为爸爸收拾东西，忘记带保温杯，被妈妈一直唠叨说“一点儿小事都做不好”……

去早教中心陪孩子上课，我见过因为爸爸给孩子吃了个冰激凌，妈妈一直抱怨说“万一孩子拉肚子，有你好看，说过多少次孩子不能吃凉的，怎么就不听”……

有次喆爸带孩子骑滑板车，一眼没看住，孩子额头磕破了。我也是习惯性说他太粗心，怎么不跟紧孩子。原本喆爸就心疼孩子，加上我唠叨的时间有点儿长，他也恼了，一句话让我哑口无言：“你看儿子的时候就没摔过吗？”

是啊，身为妈妈，我们有几个带孩子的时候从来没发生过意外？上次我大意把孩子放在床边，孩子摔得嗜睡，我们大半夜跑儿童医院拍脑CT，折腾到凌晨3点才回来，喆爸可是没责怪我一句。

在育儿上，我们一直坚持用正向引导来鼓励孩子。但在老公带孩子这件事上，我们常常急于求成：当另一半做不好一些事，或者稍有抵触，我们就觉得“他根本不想带孩子”；当孩子爸破罐子破摔、认定自己根本不会带孩子时，我们往往又开始指责他逃避当爸爸的责任。

| 培养亲子阅读习惯

一位妈妈在和我微信交流时，分享过她的一个经验。

刚开始，她老公也不爱带孩子，孩子会叫爸爸之后，她每次洗澡，都让老公给孩子读《我爸爸》《爸爸，我要月亮》《大猩猩》这种描述父爱的绘本，她老公受到感染，不自觉开始扮演“无所不能的父亲”，从亲子阅读开始喜欢陪伴孩子，渐渐也爱上了“奶爸”这个角色。

这分明就是夫妻版的正面管教嘛！

说到这里，不得不提“为母则刚”这四个字，因为太多妈妈理解上出了偏差。当了妈妈，坚强自然没错，但这种坚强更多指身为妈妈，在老公实在帮不上忙时，一定要有独自面对困难的勇气，有处理生活难题的能力，而不是明明老公可以分担，却永远都一个人咬牙硬撑。该柔软时柔软，该坚强时坚强，才能在孩子面前做一个收放有度的好妈妈。

我只是个妈妈，不是神

孩子也会迁怒

淼淼是邻居家的孩子，5岁半，上幼儿园中班。他在班里年龄算偏大的，加上个头也高，看上去比班里小月龄的孩子高了大半头。

一天中午，淼淼妈妈突然接到主班老师的电话，说户外活动时，淼淼把班里一个小朋友推倒了，那孩子倒在滑梯台阶上，脑门磕出一个大大的血印子。老师让他给小朋友道歉时，还非常抵触。

领孩子回家的路上，妈妈问什么，淼淼都抿着嘴拒绝回答。没几分钟，妈妈耐心耗尽，一边语气不耐烦地教训他不应该推人，一边连拉带拽地拖着他快点儿走——家里还小火煮着粥，妈妈怕煳了锅。

出人意料的是，一向温和的淼淼竟然开始尖叫：“你再打我啊！反正大人打小孩不用道歉！”

淼淼妈突然想起来，一天晚上因为孩子爸喝酒，自己大发脾气。夫妻俩冷战时，淼淼凑上来跟妈妈说想看两集动画片——本来他每晚都看动画片，时间段也正确，他没料到妈妈突然打了自己两巴掌，边打边说：“看动画片看动画片，就知道看动画片！跟你那没正形的爹一样，整天不务正业！”

淼淼吓哭了，一边哭一边叫妈妈抱他，但最终妈妈既没道歉，也没抱他……

想到这些，淼淼妈担心是不是孩子在家里感觉被欺负了，才会用同样的方式去对待班里其他小朋友?

淼淼妈担心得没错，在情绪的处理上，孩子和大人一样，所有的坏情绪都需要有一个出口。当自己受到委屈或者粗暴对待而没得到相应的心理补偿，孩子便会找其他出口，比如摔东西，大喊大叫，不理人，用同样的方式“以暴制暴”。

淼淼采用的就是最后一种——他无法和力量相差悬殊的妈妈对抗，只能选择欺负力量和自己差不多的小朋友来发泄内心的不满和委屈。

放在成人的世界，这是典型的迁怒于人。

大人的情绪问题

临近年关，我事情多，家里也需要彻底大扫除。房间可以请钟点工打扫，但衣柜、厨具等旧的要不要扔、新的去哪里买，都占用了很多精力。孩子爸年底同样很忙，两个很忙的人在一起，难免磕磕碰碰。说话语气不好，吵架也变得频繁起来。

比如周日，本来孩子爸说好下班后他早点儿回来带孩子，我去见一个朋友谈事情。结果他临时有约，快7点半才回来，导致我的约会至少推迟了一个小时。回家后，我和他说话自然语气不好，一来二去就吵了起来。好动的喆同学偏偏在房间里把滑板车骑得飞快，喆爸脾气没控制住，一把抓住孩子和小车吼了一通，还说如果再捣乱就把滑板车收起来，再也不让他骑了……接下来的场景，每个吼过孩子的妈妈可能都预料得到：孩子莫名被骂，大哭大叫，大人原本就情绪不好，这下更加崩溃。

事实上，孩子的状态并没有问题，只不过我们大人心情不好，就把怒气撒到了孩子身上，有些家长气急了还会打孩子。

那天晚上，孩子哭着睡着了。第二天早上醒了穿好衣服，喆爸准备送他上幼儿园，孩子小脸一扭说："我不喜欢爸爸，我要妈妈送我上幼儿园。爸爸就知道凶我，凶完妈妈再凶我，我不喜欢爸爸了……"

3岁半的孩子，已经逻辑清晰地知道错不在自己。幸好，我们家已经养成给孩子道歉的习惯，爸爸很诚恳地跟孩子道歉后，孩子很快和他又打成了一片。

而我的一个朋友，就没这么幸运。她爸爸爱喝酒，大男子主义也很严重。在家里妈妈稍不顺着爸爸的心意，便大打出手。那个年代，离婚是件很丢人的事，妈妈打不过爸爸，又无处可逃，只能一边成为怨妇，一边把在丈夫那里受的气加倍返还到女儿和儿子身上。

这个朋友从青春期就开始和母亲疏离，发誓不让自己的孩子受到同样的家庭暴力。可是当她结婚生子，每当和老公有矛盾，她总会控制不住地把气撒到孩子身上。每次吼完孩子，她自己都很后悔，但下一次，依旧重复着原生家庭的模式——把痛苦转移到别人身上，已经成为她潜意识里的习惯。

妈妈不是神

关于养育孩子，绝对不打不骂很难实现。脾气再好的人，也有心情不好的时候，需要把心里的苦闷发泄出去。所以如果自己情绪激动，"熊孩子"又不知好歹惹祸时，可以试试以下几点：

◆正视发脾气这件事

想控制住脾气，首先要正视它，与坏情绪和解。承认每个人都会发脾气，而不是一味压抑它——哪里有压迫，哪里就有反抗；积压在心里的烦闷，如果不加引导，总会找个出口爆发出来。所以承认它的存在，是让情绪稳定的第一步。

◆直接告诉孩子自己心情不好，让他自己先玩一会儿

让孩子明白妈妈不是神，妈妈也会伤心、郁闷、流泪，这不丢人，早些让

孩子知道生活的酸甜苦辣咸，就能早些体会人生百味，也更容易有同理心。

◆情绪稳定后，一定主动表示对孩子的亲近

这一点很重要，不然孩子没办法判断爸爸妈妈不高兴的情绪是不是和自己有关。如果两个人的争吵和孩子有关系，用适合的方式告诉他要改正；如果坏情绪和孩子没关系，一定明确地告诉他：爸爸妈妈的争吵，和你无关。

如果孩子总是生活在忐忑中，长大以后会畏首畏尾、小心翼翼，做什么都看别人脸色。

◆如果无端对孩子发脾气，一定要道歉

孩子虽小，但也渴望被平等对待。当他们犯错，我们往往要求他们道歉，而当我们做错，也应该大大方方给孩子道歉。对于大人的错误，孩子特别容易原谅。而大人的这种坦然和担当，也给孩子树立了一个良好的敢做敢当的榜样。

愿所有的妈妈都学会心疼自己

“女汉子”的烦恼

大学同学G，和同窗结婚，从一穷二白开始，慢慢在北京有了自己的小家，虽是老房子，面积也不大，但小两口住着很舒心。

因为背负着房贷，G怀孕期间除了产检，没有请过病假，即使孕吐不舒服，也坚持去上班。用她的话说：半天假就是200块，够给娃买个玩具了。当然，所有产检都是她一个人去的，和自己不愿请假的理由一样，她也不愿意让老公因为请假而扣工资。

这样一个“女汉子”，连生孩子都没让娘家或婆家人过来。别人生孩子，医院走廊里都站着一堆人等，而她生孩子时外头只有老公一个人等。

月子里老公照顾她，孩子满月以后，老公去上班，她开始了一个人的带娃生涯：一个人带孩子，一个人洗尿布，一个人收拾房间，实在干不了，就等老公回来做。

那段日子很累，但两口子相扶相携，几乎不吵架，过得很开心。

孩子6个月时，G要回去上班，婆婆来了。五十几平方米的两居住3个大人1个孩子，有点儿挤，但更挤的是G的心，总是莫名其妙堵得慌。

原以为多一个人帮衬着，什么都会轻松些。但自从婆婆来了，老公一拿拖把，婆婆就把孩子塞给G：“快抱孩子，我去拖地。”老公一要洗尿布，婆婆也是把孩子塞给G，自己抢着去干。

G渐渐发现，婆婆是不允许自己儿子做一点儿家务的，动不动就说："你一个大男人，拼的是事业，别跟女人似的围着厨房转。"甚至他一抱孩子，婆婆就会阻止："你上一天班多累啊，有我们俩呢，你歇会儿去吧！"

于是，面对一个不再干家务的男人，加上得空就把孩子塞过来的婆婆，G比原来更累了。白天上班，下班做家务，晚上继续喂奶、换尿布。原来一头乌发的她因为太劳累，白头发一天比一天多。

有一天，孩子哭了很久，她睡得太沉没醒，老公醒来没抱孩子，而是直接把她推醒："你怎么当妈的？孩子这么哭还睡得这么死！"

G直接爆发了，她像泼妇一样在深夜里扯着嗓子骂老公，婆婆过来劝架，她又把一腔怨气撒在了婆婆身上。此后，家庭大战经常爆发，冷战也成为常事，甚至一回家就感觉压抑……

爸爸不是"甩手掌柜"

另一个妈妈，是我微信群的群友，叫婷。

婷的工作不用坐班，因为心疼老公，看孩子、做家务便自己全包了。自己做得太多，老公回来以后无事可做，就负责逗逗孩子、打打游戏、看看球赛了。

有时候婷手忙脚乱，她老公却一点儿眼力都没有，一个劲儿问自己新买的袜子哪儿去了。婷忍不住爆发了："自己没手不会找啊，袜子不在我头上，你问我，我能知道吗？"她老公莫名其妙被抢白，自然本能反击；而婷觉得自己付出太多，说几句怎么了。一来二去，争吵变成了老公的离家出走。从此，婷认定老公根本不在乎自己，不心疼自己有多累、有多辛苦。

有一次，婷的妈妈生病，爸爸又正巧外出谈生意无法照顾。婷本来想带着孩子过去照顾妈妈，但妈妈患重感冒，很容易传染，所以尽管婷非常担心老公的带孩子水平，依旧只能把孩子扔在家里。

结果那天，婷的老公感慨带孩子真辛苦，没时间做饭、没时间打扫卫生、没时间喝水，孩子午睡，自己拿出手机刚刚要打游戏，孩子就因为憋尿醒了……朋友圈，他也发了一条信息：女同志当真不容易，我才带一天孩子，叫来外卖都没时间吃，真不知道媳妇儿天天在家怎么过的。

从此，老公不再当“甩手掌柜”，虽然很多时候还是习惯性犯懒，但只要注意到婷在忙，就会马上跑过来搭把手。

学会疼自己

年轻时，总觉得男人要主动表达才算真爱。年纪渐长，才明白即便夫妻之间，有些权益也是自己争取来的。

喆爸是独生子，刚结婚时替我考虑得很少。后来生了孩子，也和很多新手爸爸一样，该打球就打球、该和朋友聚餐就聚餐。我虽然不满，但人家打球是健身，聚会是联络感情，都有正当理由，我也说不出什么来。

但实在太累时，难免有怨言，争吵也慢慢多了起来。一个有经验的朋友说：“男人啊，你就有话直说，想让他洗碗就说去洗洗碗吧，想让他扫地就说去扫扫地吧，自己想看个电影调节调节心情就直接说自己也需要独立空间。没什么不好意思的，你不说，人家还以为你根本不需要呢。”

我当天就试验了朋友的方法，果真，喆爸并不是不想干，只是在我没张口时，他并没看到有活儿干或者觉得第二天干也行。

看，人都有惰性，都喜欢被付出而没意愿主动付出，但这并不意味着活儿摆在面前他不去干。

所以，当老公不主动疼我们，我们就有话直说，学会自己疼自己。对于老公能干的事，直截了当表明需要他，相信男人多半不会拒绝。

因为孩子，父母变成了更好的自己

Chapter

09

多一分理解，爱就在亲人之间流动起来

心意美更重要

一个妈妈在微信群里甩了一张羽绒服的照片："前天降温，老公去商场给我买了件羽绒服，花了3000多元。可是太丑了，这个样子怎么穿出去？"那件衣服，喜欢运动装的人还能接受，如果只喜欢淑女装，会觉得那款式丑得掉渣。偏偏那位妈妈喜欢有设计感的衣服，问题来了：她想退掉，又害怕老公不高兴；不退掉，又只能放在家里压箱底，让"三千雪花银"打了水漂。她这种担心，5年前我会不理解。

年轻气盛时，喆爸送的东西一旦不喜欢，我就会直愣愣骂他"脑子进水了"，甚至会把他送的外套、吊坠、手镯等拍照放到论坛上，任人评判。

负面效应影响下，结婚纪念日喆爸也没任何表示。我问他为什么忘了这么重要的日子，他一句话呛死人："反正我买什么，你都看不上，我干吗上赶着买呢？"我想反击，细细思量，又觉得人家好像说得有道理。

喆爸生日，我请他吃牛排。一个北方爷们儿，不喜欢被拘着的感觉，却不敢发表意见，因为他一说"下次咱别来这地方了"，我就说他"不识好歹、没有品位"；他明明最爱户外装备和运动装，我偏偏给他来件风衣，还强迫他穿着陪我逛街，不穿就是"把我的好心当成驴肝肺"。

好朋友也和我家情况一样，从恋爱开始，老公就一直将就着她的饮食习惯、穿衣习惯。有次她问老公："为什么你这么能忍？"她老公呵呵一乐：

“心意美就行。当然，如果二者都美，再好不过。”

慢慢地，好友开始调整自己，比如送老公什么，她早早打算，有意无意把网上搜到的图片发给他，看看他中意哪一款。当她开始这么做，她老公也开始效仿，随着时间的推移，他们送对方的礼物越来越精准。偶尔有一两次没送到对方心坎上，也能一笑而过。

后来，我把她这个方法复制到我们家，不仅减少了争吵次数，对于不喜欢的礼物，也能欣然接受。

孩子的爱，不染尘埃

一天，一位妈妈和我在微信上聊天，说自己上三年级的女儿上课和同桌交头接耳，自己被班主任叫去训话。女儿放学回家，她压不住火打了女儿。女儿回自己房间，把房门锁上，先是大哭，接着啜泣。这位妈妈既担心女儿想不开，又为自己的举动后悔不已，便让老公想方设法把门打开，进去安抚女儿。

我问她：“你是在为女儿的行为生气，还是觉得被老师叫去太没面子？”

她想了想，说：“主要觉得没面子。”

很多时候，我们就是这样：发火并不是对孩子本身的行为不满，而是因为他们的行为造成了别人对我们的差评——

吃饭时孩子吵闹，我们明知道他们是因为疲惫，当别人对我们怒目而视时，我们依然很容易失去耐心。

孩子不小心弄破价格昂贵的东西，我们往往心疼物品，而不反思自己：孩子的错，都因大人的疏忽而造成。

孩子因为犯错被老师批评，我们不担心孩子为什么会有不良举动，直觉往往是“我这么辛苦供你上学，你怎么这么不给我长脸”……

而当我们对孩子造成伤害，往往一句“对不起”，就能换来孩子纯真的笑脸。

这或许就是我们爱孩子远远不如孩子爱我们那么多的原因吧——我们的爱，往往带着期待与要求；而孩子的爱，不染尘埃，不带目的，只要我们还以笑脸。

接纳家人表达爱的方式

一次回老家，妈妈煮的南瓜粥很香甜。见我喜欢，妈妈便去花园里摘了一个大南瓜回来。

那几天，早上必定是南瓜粥和我最爱吃的烧饼。在北京时，天天早起给自己儿子做饭，回到妈妈跟前，我又变成一个孩子，看着她忙前忙后，把我小时候爱吃的一样样做出来，觉得幸福满满。

回北京时，我把要带走的东西打好包，妈妈一边看我收拾，一边问："把南瓜带回去吧。"

我说："太沉了，不带了。"

"喆喆还没吃呢。"

"他想吃，我去超市给他买。"

妈妈声音有点儿高："你不是说超市四五块钱一斤，也没咱自己种的甜嘛！"我不知道怎么回答，又不想和她吵架，便用沉默表明我的抵触。

去火车站，姐姐开车送我，一路帮我拎着箱子。过了检票口，我才发现箱子很沉。找到自己的铺位，我打开箱子，想看看里面到底有什么东西。结果看到码放得整整齐齐的6块南瓜，全是靠瓜花最好吃的部位，都用保鲜膜密封着……

眼泪瞬间就来了。

养儿才知父母恩，以前如果妈妈这么做，我会烦，觉得她小题大做，把自己的意志强加于我。

过了30岁，尤其是有了自己的孩子以后，对于妈妈有些傻气的举动，更多选择了接纳——有时候要允许他们用自认为最好的方式表达自己的爱。爱，除了尊重、理解，还有最重要的一点，就是接纳与宽容。所以，想拥有更好的亲密关系，记住一点就够了：别和亲爱的人过不去。

抱歉，生病时请不要来我家

被传染的孩子

有网友给我留言，和我分享了她最近遇到的糟心事——一个朋友来家玩，到了才发现她感冒了，人家已经来了，也不能把人家赶回去；中间虽努力回避她和孩子接触，孩子还是被传染了。

那之后，这位网友拒绝了所有亲朋好友的探望，因为医生告诉她，切记避免再交叉传染。可能态度强硬了点儿，她竟然被人说："真娇气，你把孩子供起来得了！"

这位朋友所说的，我感同身受。

喆同学大概13个月的时候，我也遇到过同样的情况。远房亲戚S，错过喆同学的生日，跟孩子奶奶说一定要把红包补上。人家好心好意，打电话时说已经在路上了，虽然我心里并不欢迎这种不提前打招呼的到访，但还是取消了计划好的出行，等对方前来。

和S一起来的，还有她家2岁多的小孙女，他们来了我才发现，那小姑娘患了严重的感冒：打喷嚏、流鼻涕、咳嗽有痰，说话声音都有些沙哑。我有心隔离两个孩子，但一个1岁出头，一个2岁多——养过孩子的都知道，月龄小的孩子最喜欢跟在大孩子后头。于是，我这边忙着拉开，他们没过几秒又凑到一起去了……看出来我的忌讳，S有些不悦："哪有那么娇气，孩子越粗养越好，我们家的就皮实着呢！"

第二天，喆同学开始发热、流鼻涕、咳嗽，我和孩子爸大半夜开车去医院挂急诊。说是急诊，前面也排了挺多号，看完病天都快亮了。

接着是周一，孩子爸去上班，孩子只黏我一个人，爷爷奶奶统统不要，一看不见妈妈就大哭大闹。我只能请假在家照顾生病的他，全勤奖泡汤了不说，因为赶着出稿，晚上孩子睡了，我还要拖着疲惫的身子编稿、改稿、校对……

孩子生病，简直会要了当妈的命，尤其是孩子小时候，一生病几乎24小时都需要人在身边，照顾孩子几天就得瘦一圈。

避免交叉感染的办法

和朋友闲聊，她也遇到过这种情况。她家孩子患了感冒，孩子奶奶没注意，让孩子去找邻居家小朋友玩了大半天。没两天，邻居家女主人就在微信上和朋友说，她家3岁的大宝和才2个多月的小宝都感冒了，不知道怎么被传染了，累得她脱了一层皮……虽然没直说是朋友家孩子传染的，但言下之意再明显不过，朋友很是内疚。

大人也好，孩子也罢，都免不了头疼脑热。自己生病的时候，不去打扰别人，是一种自律的教养。

如果你或你的家人生病，请别去有孩子的家庭，小孩子免疫力差，一个孩子生病，全家至少跟着忙活一周。即使对方没有孩子，也要询问一下人家介不介意前去探访，毕竟交叉感染在大人之间也时常发生；对方不介意，也最好自备口罩做好隔离。

如果有人来访，人到了你发现对方正患感冒，请不要不好意思，可以选择直接说改日再约；也可以选择让家人把孩子抱出去，并在到访者离开后开窗通风半小时，再让孩子回来。

别让你的好意，坏了人家的规矩

尊重他人的养育规则

国庆长假期间，好友一家来做客，喆同学一听说优妹要来，早早把自己的零食准备出来，摆了一桌子说："这个给优优妹妹吃，那个也给优优妹妹吃。"我不能打击孩子的分享意识，但优妹来之后，每次喆同学递给优妹零食，我都会问好友一句："这个优优能吃吗？"

这世界上，没有谁比妈妈更了解自己孩子的体质，比如常见的杧果，有些孩子吃了就会有难受的过敏反应。在养育上，我们可以根据自家孩子的接受能力制定规则，但其他人的养育规则，我们也应该去尊重。在这件事上，喆同学也明白了一个道理：自己可以大方分享，但别人有权利拒绝。

我的玩具你都可以玩

上午10点左右，吃完加餐的奶制品和水果，优妹想玩喆同学的玩具，又有点儿不好意思，就跑过去拉着优妈，让她替自己到架子上取玩具。

优妈说："这些玩具是不是喆哥哥的？"

优妹回答："是。"

优妈又说："你要玩，是不是要先问问哥哥同不同意呢？"

看优妹忸怩的样子，"没事没事，拿去玩吧"差点儿就从我嘴里说出来——这恐怕也是大部分家长会选择的"礼貌"。但我深知，如果那句"没事”说出口，就会让两个孩子失去一次成长的机会——优妹失去了主动询问和争取的机会；喆同学失去了选择同意或者练习拒绝的机会。

终于，优妹走到喆同学身边，小声问：“哥哥，我能玩你架子上的玩具吗？”

喆同学正在玩自己的托马斯火车头，头也没抬就同意了：“去拿吧，今天我的东西你都可以玩。”

这个回答，倒是挺符合他现在的年龄段——3岁多，已经知道分享带来的快乐，通常情况下都愿意和小伙伴一起玩自己的玩具。但我没有忘记在他中间暂停时，提醒他一个问题：“刚才和优优妹妹说话，是不是可以做得更好呢？”他没听明白，我又提醒他：“比如，妈妈现在和你说话，就会看着你，这样才更礼貌。”

孩子很可爱，当他意识到自己做得不够好时，又特意跑过去，直视着优妹说了一次：“我的玩具你都可以玩。”

孩子犯错也要道歉

喆同学自己用磁力片建“房子”，优妹溜溜达达走过来，踩到了喆同学的房子。喆同学大声说：“别踩我的房子。”我和优妈对视一下，都没有介入。

优妹并没把喆同学的警告放在心上，一心只想让哥哥跟她一起玩儿。她又一次走近，把所有房子都踩倒了。喆同学的声音高了八度：“别踩我的房子！”

我意识到喆同学马上要发火了，为预防冲突升级，在他要把磁力片扔向优妹的时候，我站在他前面：“妈妈和你一起重新搭一座房子好不好？”

优妈也拉住优妹，告诉优妹这种行为会让小朋友很生气，并且要求优妹给喆同学道歉。我没有碍于面子说：“不用，小孩子打打闹闹很正常。”因为我知道，这样做，只会传递给优妹一个信息：小孩子犯错是可以不用道歉的，是没关系的。

优妹也意识到喆哥哥是真的生气了，她捡起地板上散落的磁力片，对喆同学说：“哥哥，对不起，我帮你把房子建好吧。”接受道歉的喆同学，只用了几秒钟脸色就阴转晴，说：“没关系，谁让你是我的好朋友呢？”

坚持自己的原则

临走时，优妹可能玩得太累了，有点儿耍赖，不想自己穿鞋，缠着妈妈帮忙。另一位朋友劝道：“还是个孩子，就别跟她较劲了。”但优妈坚持自己的原则，让优优坐在鞋凳上自己穿鞋。

自己的事自己做，如果我们现在替孩子包办一切，等上了幼儿园，搞不定自己的吃喝拉撒，受罪的是孩子，不是我们。

我们养育孩子，看着他们由一个小不点儿慢慢长大，会坐、会走路、会奔跑，上学、工作、成家……不就是希望他们有一天可以独立生活吗？我们可以爱，但不能溺爱；我们希望为孩子遮风挡雨，但我们终究不能陪伴他们一生一世。

一个孩子，唯有独立，才有生存的资本。所以，当一个妈妈理智地给孩子机会体验这个世界的复杂时，其他人静静地做旁观者就好。

亲戚把我“拉黑”，我却不后悔

捍卫孩子心爱的玩具

一个亲戚把我微信“拉黑”了，起因在于孩子之间抢玩具。

上周末，亲戚带着他们家4岁的儿子来玩。2岁8个月的喆同学很喜欢这个大哥哥，基本所有的玩具都拿出来和他分享。这一点，让我挺欣慰。男孩子嘛，大气一些更像男子汉。晚饭前，这个4岁的孩子尿尿，上完厕所突然直接冲进喆同学卧室，大模大样参观了一圈：拿拿这个、拿拿那个，最后看上了喆同学的蓝色费雪小海马。这个小海马，喆同学从出生那天开始就听着睡觉，是最爱的玩具，没有之一。

看到小海马在哥哥手里，喆同学有些不乐意，说了句：“这是我的。”哥哥不理，哥哥的爸妈也没理。我赶紧拿了喆同学喜欢的小机器人，让喆同学转移注意力。他把机器人接过来，但眼睛还是盯着自己的小海马。

过了几分钟，哥哥把小海马随便扔沙发上了，喆同学喜出望外，冲上去把海马拿了回来。那失而复得的惊喜表情，是最原始的满足。接着，他小跑着把小海马放回卧室自己的小床上，并且放在了它应该在的枕头旁边。

吃完饭，4岁的哥哥要走了，突然又冲到卧室，把小海马拿了出来，拎着它的小尾巴甩啊甩。

喆同学看着自己的“好朋友”在哥哥手里，大声说：“这是我的小海马。”

亲戚两口子象征性说了句：“把玩具还给弟弟吧。”哥哥耍赖：“我还没玩够，我想拿回家玩。”听完这话，亲戚两口子看看我。

作为一个大人，我必须在这时候做出姿态，但我不想违背儿子的心，蹲下来问喆同学：“哥哥想拿回去玩两天，行吗？”他拒绝得很干脆：“我还得听着睡觉呢。”

我没有强迫喆同学“分享”，这个时候孩子最需要我的支持，我不能在他最希望得到妈妈支持的时候背叛他。

我转过头对亲戚家的孩子说：“弟弟得抱着小海马睡觉，你先还给弟弟，回头婶婶给你买一个一模一样的好不好？”

我是真心要给他买一个的，亲戚可能当成了客套话，有些恼怒地把玩具抢过来塞到我手里。孩子哇的一下大哭，亲戚哄都没哄，连拉带扯地把孩子拉走了。

等孩子睡了，我打开电脑选购小海马，想微信问问亲戚详细收货地址时，发现我的信息被拒收。亲戚把我“拉黑”了。

后来，我无意中从别的亲戚那里看到了这位亲戚当天在朋友圈发的信息：这世道，孩子不懂事，大人也越来越不懂事了。到此，我只能一笑了之，但我从不后悔帮喆同学捍卫了他的小海马！

在一个妈妈微信群，说到孩子“自私”，A说了自己的血泪史。

A出生于1983年，长在小镇。在那个物质奇缺的年代，有块漂亮的橡皮都能成为同学们眼中的偶像；而远在北京的姨妈，竟然送她一辆漂亮童车。生来大方的她，不介意让小伙伴偶尔骑一下，但一个远房亲戚家的孩子骑上去，就再也不下来了。那孩子脾气特别倔，不管妈妈怎么拉他，就是又哭又喊，叫着把自行车骑回家去。一开始A的父母没有吱声，但当那孩子哭了十几分钟时，脸上挂不住了——已经有别的亲戚劝：要不让他骑几天吧。

那时的父母多数不知道“物权”这个概念，对孩子的要求就是听话、给面。当父母说出：“要不拿走给孩子玩几天吧。”那孩子破涕为笑，A红了眼圈，却不敢哭，怕当着这么多人的面，爸爸那大巴掌会落下来。

直到亲戚家孩子兴高采烈把自行车骑走，亲戚们也走光了，A才哇哇大哭。开始妈妈还安慰几句，后来烦了直接吼："不就是玩几天，你还没完没了了，我和你爸都这么大方，怎么生出你这么小气的闺女来？再说了，还不是你非拿出来显摆，人家才拿走的嘛！"

那自行车，几天后并没要回来，因为那孩子骑到大街上，又跑去玩别的，车被人偷走了。听到这个消息，父母也很郁闷，但他们没向A道歉，反而在A说"让他还我的小车"时吼了她几嗓子。

不要强迫孩子分享

这个事件，30多年过去A都无法释怀。她说："从小到大，我不敢提出自己的需要，不敢主动去向人求助，或许都和那次经历有关，那让我觉得自己牺牲任何东西都是理所应当的，还不能有任何怨言。"

家长们自以为是，喜欢强迫孩子分享。绝大多数情况下，不过是怕自己没面子，怕被人说"你看孩子被娇惯成什么样子了"。别说让一个孩子达到这么高的道德水准，大人自己也不一定能达到。

己所不欲，勿施于人。

在孩子的世界，所有的玩具和用品都是有生命的，是他们的好朋友，而不像大人的世界，用价格来衡量物品，然后用来送人情。在你眼里，一辆小车等于百十来块钱，而在孩子心里，可能无比珍贵。

以孩子的意愿为基础引导

不可否认，分享意识对孩子至关重要。舍得是社交能力的基本法则。

但是，再舍得，也得以孩子的意愿为基础去引导。是引导，不是强迫。强迫分享，轻则造成孩子对分享产生恐惧感，重则让孩子不敢保护自己的东西，无法正确表达自己的需求和意愿，更无法在长大后建立责任感。

只有孩子得到了充分尊重，才会去尊重别人。在这个问题上，以下方法可以借鉴一下：

● 和家人分享食物，哪怕东西再贵，也不要让孩子觉得那是自己独有的。即使在冬天，车厘子价格大涨时，我们也全家一起吃，实在肉疼，可以孩子吃三四颗，大人只吃一两颗。

● 划清界限，从孩子听得懂话开始，就告诉他哪些东西是他的，哪些东西是爸爸妈妈的，他自己的东西可以随便动、随便玩，但想动爸爸妈妈的东西，一定要先问一下我们同意与否。这样外出时，他才会知道事先询问。现在，孩子在家里要动我们的电脑，都会询问可不可以，外出时也基本可以做到事先询问。

● 让孩子学会交换，询问完了，对方不同意，就拿自己的东西去交换，既增强了社交能力，又达成了自己的目的。当然，如果孩子进入幼儿园这个小集体，一直不愿意和人分享，可能会被孤立、没人愿意和他交朋友，孩子会根据环境调整自己的行为，变得主动分享。

● 万一孩子抢了别人东西，家长一定要制止，不是那种摆姿态式的演戏模式，而是要严厉地告诉孩子：那不是你的，你不可以不问小朋友同意与否就私自去动。

● 万一孩子的东西被抢，他自己去索要，家长也不要为了面子去阻止孩子保护自己的东西。如果对方小朋友强势，当爸妈的要及时表示对孩子的保护。如果对方拿自己不当外人，必要的时候，你可以做一次“不懂事的大人”。

养育孩子的意义，是和孩子共同成长

和孩子“在一起”

喆同学每次英语课后都会很配合地完成老师的作业，一般是练习三两个单词、三两个词组。因为我从小学的就是“哑巴英语”，所以教发音的事儿一般由爸爸来做。

一天，喆同学突然问我：“妈妈，你怎么不和我一起做作业呢？”我词穷。是啊，我为什么不和他一起做作业呢？羞于开口、懒于学习、对改变心存忐忑是根本原因。而因为我自己英语口语的短板，我又希望喆同学能从小多磨磨耳朵，以免上学后口语吃力。整个过程，我只是单向要求他如何，从没审视自己是否有陪他一起学习的热情。

在很多方面，我自认是学习型的妈妈，唯独在英语上，我迟迟不敢开口。因为孩子爸曾说：“你一开口，我就笑场。”的确，我那英语发音，自己听着都汗颜，但一切短板，都怕用心去对待。在朋友的介绍下，我加入一个平台学口语，那个平台的主旨就是让妈妈和宝宝一起学——妈妈保持热情，经常在家里使用日常用语，孩子潜移默化，自然可以接触到更多。

而且，当孩子感觉到妈妈和自己“在一起”，他们更容易坚持下去。

蹲下来看世界

我见过一个妈妈，身高1.63米，体重近67千克，平时最喜欢吃比萨、汉堡或红烧肉这类高脂肪、高热量的东西。她女儿受妈妈影响，3岁时已然喜欢上了快餐，长得肉乎乎很可爱，但每次体检都被医生提醒体重超标太多。

孩子长大以后的肥胖，往往由小时候的饮食习惯造成。为了孩子的健康，这位妈妈决定自己先控制饮食，制订了一套相对健康的饮食方案，并报了游泳班辅以锻炼。

当她的日常行为改变，孩子的饮食习惯也变得健康。而她选择的游泳项目，顺带着让孩子喜欢上了玩水，虽然现在因为太小不能学标准的游泳姿势，但自己套着游泳圈已经玩得像模像样。

一个夏天，不到3个月，她瘦到了51千克；女儿的体重也从超标变为正常。

减肥成功后，为了抓住孩子学习语言的敏感期，她和老公决定不再当着孩子的面看电视剧或电影，每天半小时的视频时间，不是放英语儿歌就是放原版动画片。

现在，小朋友走在街上，看到大门会说“gate”，看到屋门会说“door”，妈妈用英语说吃饭、穿衣、脱鞋、注意等，已完全听得懂。

她说：“或许有一天，我依然跟不上孩子学习的速度，但起码我要保持一颗努力跟上的心，这样当代沟来临，我才不至于不分青红皂白地说‘孩子太不听话了’。”

是的，当孩子还小，我们要蹲下来和他们一起看世界；当他们日渐长大，我们就要一路小跑，努力追上他们的脚步，争取和他们做朋友。

做孩子的知心朋友

身为父母，我们经常把自己的美好期望放在孩子身上。不会游泳的妈妈，希望孩子早早学会游泳；小时候没条件学舞蹈的妈妈，孩子三四岁就送去进行舞蹈培训；小时候常被欺负的妈妈，则关注散打或跆拳道培训班，希望孩子学会防身本领……

更有甚者，有些父母觉得孩子应该十八般武器，样样都会。

这样的期待，如果孩子发自内心地配合，自然没错。但现实往往是，父母对孩子的期待很多，却对自己生活或个人成长觉得“差不多就行”，或者认为“反正我这辈子就这样了”。有这种思想的父母，在养育孩子的过程中，往往遇到的阻力更大；而那些有着“和孩子共进退”观念的父母，往往能收获更好的结果。

我所在的一个微信群里，有个90后的男生，姑且称他为M。他风趣、幽默、豁达、热心，经常妙语连珠，对生活的认识远高于同龄人，在他没告诉我实际年龄之前，我一直觉得他是80后。

越聊越熟，我开始零星获知他妈妈的信息。

他妈妈今年51岁了，会上网，会聊微信，会PS照片，会自己下载电影。更厉害的是，她还跟儿子学会了看国外的网站，微信上关注的公众号，也脱离了健康养生界，进入时尚流行界……

我说：“M你真幸福，有这么一个和你共进退的妈妈。”

M答：“周围的人都这么说。其实我妈更牛的是她的开明——当我要去北京读一个外人看来很烂的大学，她说没有烂学校，只有不肯学习的人；当我要离开湖南来上海工作，我妈说去吧，年轻就应该看看更大的世界；当我表示要和一个偏僻县城的女孩子交往，我妈说只要你俩思想合拍，我没意见。小时候，我学电子琴，她也跟着我一起听老师讲课，课后和我一起练习；我学古文，她买双份课本，和我一起诵读，有时候比我背得还快……她经常挂在嘴边的话就是‘我可不想你说出个啥名词，我根本不懂啥意思’。我和她，更多时候像知心朋友。”

说妈妈像知心朋友，是一个孩子对母亲的最高赞美了吧！

和孩子共同成长

有爱运动的父母，自然会经常带孩子去运动场所，孩子耳濡目染，就算不见得比父母的运动技能更好，也不会抵触运动；有会画画的妈妈，就算孩子没有绘画天赋，对于绘画的感悟也一定不会差；有爱下棋的爸爸，孩子可能很小就认识所有棋子，即便没有发展成爱好，也必然从日常所见学习一二。父母控制不了自己的体重，抵制不了美食的诱惑，却整日觉得孩子太胖，想通过控制饮食来帮孩子控制体重，结局如何可想而知；如果父母本身特别“宅”，孩子入学，体育方面会拖后腿就不足为怪……

当孩子还小，我们可以只要求他简简单单做一个快乐的人，但当他进入幼儿园、小学、初中，会不由自主进入“竞赛模式”，家长也会被席卷着成为“爱比较的家长”，我们当然要引导孩子保持淡定，让他们清楚成绩不是衡量能力的唯一标准。但尽力才能让自己不留遗憾的道理，一定要尽早让孩子明白。

人生，原本就应该是一个不断超越自己的过程。

如果孩子愿意做那个坐在路边鼓掌的人，不会因为别人跑得更快而失落，我自然欣慰。但如果孩子愿意带着家长的希望前行，我们陪孩子一起奔跑，远比他一个人努力来得有效、愉悦。